好好说话

别输在不会表达上

王 维 / 著

吉林美术出版社 | 全国百佳图书出版单位

图书在版编目（CIP）数据

好好说话：别输在不会表达上/王维著. -- 长春：吉林美术出版社，2017.12
ISBN 978-7-5575-2802-7

Ⅰ.①好… Ⅱ.①王… Ⅲ.①口才学—通俗读物 Ⅳ.①H019-49

中国版本图书馆CIP数据核字（2017）第169208号

好好说话：别输在不会表达上

出 版 人	赵国强
选题策划	张立辉
责任编辑	于丽梅
装帧设计	尚上文化·海凝
内文排版	秦　颖
出　　版	吉林美术出版社
发　　行	吉林美术出版社
地　　址	长春市人民大街4646号
邮　　编	130021
网　　址	www.jlmspress.com
印　　刷	三河市骏杰印刷有限公司
版　　次	2017年12月第1版
印　　次	2017年12月第1次印刷
开　　本	710mm×1000mm　1/16
印　　张	15
印　　数	1-8 000册
书　　号	ISBN 978-7-5575-2802-7
定　　价	49.00元

前言 / preface

一般情况下,每个人都具备两种重要的能力:一是说话,二是行走。一个人说话水平的高低,决定于自身的语言表达能力。而语言表达能力的强弱,在一定程度上决定着人生成败。古希腊哲学家苏格拉底曾说:"有一种能力,可以让人快速取得成功,并得到他人的认可,这种能力就是讲话。"美国人际关系学家戴尔·卡耐基也曾说:"一个人的成功,技术知识占15%,口才艺术占85%。"的确不假,在生活中我们不难发现,那些善于表达的人,总会获得更多的机会。

可能有人会说,语言表达不就是把心中想说的话说出来吗?不需要技术或能力,张口说就是了。其实,这是一种错误的认识。说话和表达有联系,也存在区别。说话是人对外交流的基本方式,表达则是心理活动的外在表现。表达需要技巧,思维活动参与其中;说话不需要技巧,更像是应激反应。

生活中,不善表达的人通常给人留下思想匮乏和能力低下的印象。这样的人,无论处在哪里或哪个社会层面,都不会轻松地走上人际关系的前台,也无法得到他人的赏识和器重,往往最终沦为无足轻重的"边缘人"。

善于表达是人生的一大亮点，是一个人思想水平、才华能力的集中体现，是通向成功的快车道。善于表达的人，总能在残酷的竞争中获得更多的机会，总能在危机四伏的情况下获得更多的帮助与支持，其成功的概率也远远高于不善于表达的人。事实上，优秀的语言表达能力不仅能够帮助人们获得成功，还能提高人们的幸福指数。

既然语言表达如此重要，那么究竟如何才能拥有它、提升它呢？其实，许多人都拥有高超的语言表达能力，之所以没有发挥出来，关键在于不懂得如何驾驭它。换句话说，大多数人的语言表达能力都不差，只是不知道怎样运用到实际交流中。很多时候，机遇与成功就在我们眼前，然而我们却没能抓住，主要是输在不会表达上，没注意一些细节问题。其实，这些问题经过后天的训练，是完全可以克服的。

想掌握这些表达技巧，拥有超强的语言表达能力，其实并不难，本书就为读者提供了这样一个契机。本书共分为八章，每章都围绕一个中心，重点讲述了如何组织语言进行准确表达。书中通过深入浅出的分析、贴近生活的案例、简洁明了的语言从不同角度全面介绍了语言表达的方法和技巧。

本书将教你彻底摆脱不会表达的尴尬，让你的人脉及事业发生巨大的变化。在阅读过程中，你不仅会改变先前对语言表达的浅薄认识，更会心悦诚服地把它升华成一门真正的生活艺术。最受欢迎的说话艺术，不是张口即来，想说什么就说什么，而是为你的未来保驾护航，不让人生输在表达上！

目录 contents

第一章　把话说好，关键在于能否精准表达

话多不如话少，简洁精练才是王道 / 002

条理清晰才能说出"好话" / 007

用词准确，说出的话才有分量 / 010

紧扣当下用语，不要被时代甩得太远 / 014

"停顿"有门道，千万别小瞧 / 018

语言越通俗易懂，表达的效果就越好 / 021

高明的附和让谈话高潮迭起 / 025

克服羞怯心理，在交流中展现真风采 / 028

第二章　被红灯叫停，为何不让舌尖绕行

虚实结合，才能把话说巧 / 034

巧妙周旋，逐步达成目的 / 038

以柔克刚，攻防间打好语言的"太极" / 041

顺意反诘，让对方学会反思 / 044

投其所好，你的话更受欢迎 / 046

请君入瓮，设下圈套让对方往里钻 / 050

循循善诱，"曲线救国"有奇效 / 054

第三章　理由再充分，不如唤醒对方柔软的内心

深入了解对方，找出说服的突破口 / 060

用你的热情赢得他人的认可 / 063

巧用故事攻破对方的心理防线 / 066

理由充分，说出的话才有分量 / 069

迂回说服，最终达到我们想要的目的 / 073

善于打比方，让你的话更有说服力 / 076

站在对方的立场上说服对方 / 079

第四章　与幽默同行，既缓解气氛又受人欢迎

诙谐风趣，一出口让人跟你走 / 084

咬文嚼字，巧说妙语有乐趣 / 087

字词拆合，凸显另类的幽默 / 090

简话繁说，调节谈话的气氛 / 092

千万别动怒，用幽默给不满戴顶皇冠 / 095

适当的调侃，瞬间改变不利局面 / 098

偶尔自嘲一下，给交流加点儿料 / 101

第五章　一旦交谈遭遇杂音，不冷场等于救了双方

搭个台阶，让对方好下台 / 106

在失意人面前，不说得意的事 / 110

不方便回答，把问题交给模糊语言吧 / 113

每人都有心理"禁区"，别去侵犯它 / 117

放下争论，言归于好才能双赢 / 121

谈笑间，打破尴尬的局面 / 125

玩笑不可过度，要适可而止 / 129

管好自己的嘴，不该说的不要说 / 133

第六章　发现交流的秘密，原来语言高手只说对的

寒暄到位，未开聊就成功一半 / 138

"开口"总在"思考"后 / 144

看人说话，与任何人都能谈得来 / 148

把话说到对方的心坎儿里 / 153

共同话题才是谈下去的基础 / 156

与其夸夸其谈，不如沉默寡言 / 160

每表达一个观点，就说出一个事实 / 164

快速打动人心，"杀伤力"强的问题就该这样问 / 168

第七章　方法对了，一开口你就与众不同

道歉有诀窍，别人想不原谅你都难 / 174

间接的批评，对方更容易接受 / 178

找准反驳的时机进行反击 / 182

用"礼"敲开对方的心门 / 186

用真诚护航，交谈才能继续下去 / 189

语重心长不如一开口就加点儿"糖" / 192

懂得暗示，既不伤人又不伤己 / 195

话不要说得太绝，点到为止刚刚好 / 198

第八章　说得好与说得妙，关键在于如何驾驭

别总说"我"，第一人称爱惹祸 / 204

赞美是世上最动听的语言 / 208

关心人的话，最能温暖人心 / 212

这样安慰，你就说对了 / 215

最悔不过"你错了" / 219

"催眠"潜意识，迅速打开他的心扉 / 223

让对方说"是"，你就掌握了主动权 / 226

别让对方太"不好意思" / 230

第一章 / chapter

把话说好，关键在于能否精准表达

一个人能否把话说得恰到好处，与说话的基本功有着十分密切的关系。如果不掌握好说话的基本功，说出来的效果就不好，听者不会完全理解你所说的话，你的表达自然也就前功尽弃。所以，要想把话说好，准确地表达出内心的想法，必须掌握说话的基本功，这样才能在与人交谈时做到清晰明了、准确无误。

话多不如话少，简洁精练才是王道

相信每个人都有这样的经历，当你走进一家商店后，总会有售货员面带微笑热情地迎上来，主动向你介绍某款新产品。对方的表达很专业，说话很流畅，从产品的性能优势到结构特点，从产品的价格优惠到售后服务，都娓娓道来。

对方连珠炮似的表达，让你插不上嘴。他"热情的演讲"使你心烦意乱，浇灭了你的购买欲望，此时你满脑子想的是如何"逃"出这家店。当然，有可能你还想买这件商品，但绝不会从这位话多的售货员那里购买。

可见，冗长的语言并不见得能将问题说清楚，简洁的语言往往更有效果，即使是据理力争也应抓住关键，简明干脆地将自己的意思表达出去。

晓磊下班路上目睹了一起交通事故，回到家后立即兴奋地告诉老婆："刚才路上出车祸了！"他老婆听到后立即停下手中的吸尘器，问道："什么情况？严重吗？"

于是，晓磊开始绘声绘色地描绘起来："是一辆奥迪撞上了一个骑电动车的老头儿。那老头儿是接放学回家的孙女，横穿马路的时候被奥迪撞上了。开奥迪的是个女的，长得还挺漂亮的，可惜车技太烂了，人品也不怎么好，撞了人连一句道歉都没有，还挺傲慢的样子……"

这个时候，晓磊的老婆已经打开了吸尘器继续打扫卫生了。晓磊有些不高兴，说："我正和你说话呢，你怎么也不注意听？！"

"我这不听着呢吗！"

"吸尘器声音那么大，你怎么听得见啊？"

"听不听得见也没有关系啊！反正你说的也不重要。我可不想听你在那夸别的女人漂亮不漂亮，你只要告诉我车祸的结果是什么就好了。"

"哦，幸亏奥迪及时刹车，那老头儿摔了一下，并不严重。"

"你看！多简单的一句话，你说了那么半天，我哪有那么多时间听你说那些废话！"

晓磊老婆的话实际上说出了大多数人的心声。有时候，我们只想听结果，对方啰里啰唆说了一大串详细的过程，听了半天也不知道结果怎么样。有时候，我们只想知道问题的关键，对方却"旁征博引"说了一大堆，我们甚至听得更糊涂了。

会说话的人都知道说话的目的只有两个：告诉和说服。只要要点突出，说话越简洁越好；过于冗长的描述，容易把简单的事情复杂化。

如果你像晓磊那样，花费很长时间才说到重点，甚至说着说着跑了题，即使对方不像晓磊的老婆那样放弃倾听，也会因为听不到重点而开始眼神涣散。少说一点，突出要点，这样，对方才会记住你说的话。否则，你说再多也只能是"废话"。

某单位要精简人员，领导的两位司机需要裁掉一个。竞争上岗，是两位司机必须面临的抉择。第一位司机在领导面前说了10多分钟自己的优点，最后还补充道："如果我还能继续开车，一定把车清洗得干干净净，出车时遵守交通规则，保证领导的安全，另外，绝不私自开车……"第二位司机仅用了几分钟的时间就结束了。他是这样说的："无论是过去、今天还是以后，我开车时一直遵守着三条原则：第一，听得，说不得；第二，吃得，喝不得；第三，开得，使不得。"

这三条原则短小精悍，说到了领导心坎里。在领导心中，这个司机最为合适。首先，"听得，说不得"指的是，领导坐在车内通常要研究、交代一些工作，在没有正式公布之前，属于保密的范畴，司机听到后，就不能说，说出来就是泄密；其次，"吃得，喝不得"指的是，司机要经常随领导参加一些饭局，酒桌上只吃饭，绝不喝酒，从而保证领导的生命安全；最后，"开得，使不得"指的是，单位的车是专门服务于领导，领导不用车时，绝不为了自己的私事把车开出去。

现代社会节奏快，人们的时间观念强，简洁精练的说话方式是提高效率的最佳方式。那么，我们在说话时如何做到简洁精练呢？

1. 抓住关键，长话短说

抓住要点，长话短说，不讲空话，不无的放矢，不重复别人已讲过的或众所周知的俗套内容，是赢得听众的谋略。冗长的说教，满嘴的陈词滥调，没有自己独特见解的发言，只能引起听者的烦躁和厌倦。

德国著名诗人、戏剧家贝托尔·布莱希特非常讨厌那些冗长单调而没有实际意义的会议。

有一次，有人邀请他参加一个会议，他不想参加，就婉言谢绝了。哪知主办方不肯罢休，想方设法邀请他。后来，主办方找到了他最好的朋友，碍于朋友的面子，布莱希特终于答应。开会那天，布莱希特准时到达现场，悄悄坐在最后一排。工作人员看到后，硬是把他请到主席台上就座。

会议正式开始前，主办人讲了一大堆的贺词，布莱希特听着极不舒服。还好，主办人终于讲完了，并热情洋溢地宣布道："今天我们很荣幸地请到了布莱希特先生，现在请他为大会致开幕词！"

布莱希特站起身子，走到台前。到会的记者们纷纷掏出笔和小本子，准备记录布莱希特的开幕词。让大家没有想到的是，布莱希特的致辞很简单，仅讲了"我宣布，会议现在开始"这样一句话。

台下的听众愣了3秒钟后，爆发出热烈的掌声。

布莱希特简短的开幕词为什么能赢得掌声呢？原因很简单，大家是来参加会议的，不是来听开幕词的。布莱希特简短的开幕词，说出了大家内心的想法。所以，与人交谈时，一定要抓住要点，废话尽量不说或少说，这样听众才不会烦你。

当然使用这一方法，要针对特定的对象，并不适用于所有的人。如果对方和你不熟悉，你张口就直奔主题，会给人一种唐突的感觉，交谈效果可能无法达到预期。通常而言，这种方式适用于相互比较熟悉的人。

2.话题集中，话语简明

语言表达具有时间性，不同的时间段，对讲话的要求有所不同。时间充足，话题可以相对宽泛些，语气可以相对舒缓一些；时间紧迫，话题需要集中，话语需要简明扼要。如果不顾忌时间的长短，盲目交谈，必定会影响谈话的质量。

美国前总统艾森豪威尔讲话时，非常注重时间的长短。他未就任总统前，曾担任过哥伦比亚大学的校长，经常出席集会发表演说。

有一次，他在集会上的发言排在最后，由于前面几位演讲者占用的时间太长，轮到他发言时，时间已经不多了。艾森豪威尔发现，听众已经表现出不耐烦的情绪，于是他舍弃了先前准备好的演讲内容，用简短的话语进行演讲，他说："每一篇演说，无论是书面形式还是其他形式，都需要标点符号。今天晚上，我就是标点符号中的句号。"

艾森豪威尔话音刚落，台下的听众立刻报以热烈的掌声。事后，艾森豪威尔说:"这是我最为成功的一次演讲。"

听众给艾森豪威尔鼓掌,他自我感觉非常成功,都是有道理的。由于时间有限,听众又有些不耐烦了,如果长篇大论,很难让人接受。艾森豪威尔的演讲,具有多重意义:既对前面演讲人的进行肯定,又完成了自己的演讲任务,同时还节省了时间,赢得了听众的好感。

精进技巧

要想使自己的语言更加简洁,就要学会透过现象看本质,这样你说出的话才能准确、精辟、有力度。同时,要尽可能多掌握一些词语,这样在需要的时候才不会因为"词穷"而无法准确表达。当然,最重要的就是要懂得"删繁就简",把复杂的话简单地表达出来。

条理清晰才能说出"好话"

可能你有过这样的经历:正当你饶有兴趣地给朋友或亲友描述某件事时,突然"卡壳"了,记不清刚才说了什么,也不知道接下来要说什么。这个时候,语言就像在和你捉迷藏,让你摸不着头尾,这就是思维混乱、条理不清晰导致的结果。

与人交谈时,声音十分重要,但把内心的想法清晰地表达出来更为重要。因为口头表达是否流畅自然,决定了你给对方的印象好坏。养成说话有条理的好习惯,可以让更多人了解你,也有助于提升你的个人魅力。于丹是通过央视的《百家讲坛》走入公众的视野,她之所以能从众多"坛主"中脱颖而出,说话条理清晰起到关键性的作用。可以说,她是一位极富有语言智慧的女性,朋友曾对她的语言表达能力做出这样的评价:"她讲话慢条斯理,具有极强的感染力。只要有她参加的研讨会,很多人都不愿在讲话时排在她后面,主要原因是,只要她一说完,其他人几乎就压不过她。所以,她的发言通常排在最后。"

于丹讲话条理清晰,是件公认的事情。然而,大家却不知道,于丹小时候很自闭,基本上不怎么说话。她是家里的独生女,在那个特殊的年代里,父母下放到农村,只好把她交给姥姥带。也就是在那个时候,她养成了讲话条理清晰的好习惯。

童年的于丹没有上过幼儿园，一两岁时开始识字，四五岁时接触到《论语》，后来看《红楼梦》。除了姥姥外，很少有人跟她说话，她就自己和自己说话。到了十三四岁时，就开始写日记，并且一直坚持到现在。写日记最大的好处在于，一方面能培养写作能力，另一方可以提升逻辑性和目的性。如今，于丹凭借说话条理分明的好习惯活跃于公众视线中。

如果于丹说话模糊不清，即便她的知识再如何丰富，见解再如何深邃，恐怕也无法打动公众的心，因为大家都不喜欢和一个说话条理不清晰的人去交流。在与人交流的过程中，如果想表达一件事，就用简洁明了的语言说出来，不要扯得太远。漫无目的的说话方式，直接昭示出思想的混乱。逻辑混乱就像鸟儿折了双翼，无论在工作、生活中还是社交中，都会带来极大的不便。那么，我们在表达自己的想法时，如何做到条理清晰呢？

1.说话之前想三分

说话之前如果没经过周密的计划，讲话过程中就很难达到条理清晰的状态，甚至有可能陷入尴尬的局面，可能有一肚子的话，说起来却不是颠三倒四，就是结结巴巴。从心理学的角度而言，日常语言分为对话语言和独白语言。对话语言指聊天、座谈、辩论等；独白语言则指报告、演讲、讲课等。一般而言，独白语言的要求比对话语言要高，并且以对话语言为基础。与人交谈前，特别是进行发言或演讲之前，最好先做好充分的准备工作。例如，可以把讲话内容写成提纲或打打腹稿。

2.用准说话的方法

想条理清晰地表达自己想说的话，方法非常重要。可以借鉴以下方法：按讲话内容的重要程度把不同的信息划分等级，最重要的话先说，表达要简洁；接着再说次重要。既可以先阐述观点，也可以讲完第一点，给予具体论述，然后再讲第二点，论述第二点的具体内容……

要想把话说好，必须掌握好方法。当他人讲话时，一定要认真倾听对方的意见或观点，不要随便插话或中途打断对方，还要懂得"察言观色"，从对方的表情中捕捉到他对话题的感受，更要分析对方讲话的特点，吸取其优点，舍弃其缺点。与此同时，讲话的态度也十分重要，当发现对方有厌倦的情绪时，应该及时终止正在谈论的话题。

3.抓住机会多练习

好口才并非天生形成的，而是通过环境的影响、自身的努力，逐步提高的。很多人都有过这样的经历：当孤身一人或面对少数人时，可以流畅地表现自己的语言能力，一旦周围的环境发生改变，就可能出现思绪混乱、条理不清晰的情况。要想克服这种状况，需要在日常工作和生活中多与陌生人或在人多的场合练习说话，勇敢表达自己的想法。尽管刚开始不一定能够成功，甚至会招来他人的耻笑，但千万不要因为遭遇挫折而放弃。这个时候，要让自己冷静下来，认真分析自己讲话失败的原因，然后勤讲多练，不断提高讲话能力。

精进技巧

一个人，不管多么聪慧，受过多么高深的教育，拥有多高的社会地位，在表达自己的思想情感时，如果不能做到流畅自然，就无法体现自己的现实价值。要想在交流时做到条理清晰，就需要进行口才强化训练，这种训练的宗旨是"敢说话、敢表达"，唯有这样你才能不输在表达上。

用词准确，说出的话才有分量

如果有人说你不会说话，你可能马上予以反驳。的确，只要是健全的人都会说话，可现实生活中并非每个人都能够准确表达出内心的想法，有时本来是一番好意，说出的话在别人听来却是相反的意思，这种表达相当失败。造成曲解的原因，主要在于说话的一方使用词句时不够准确。

张大妈和儿媳妇隔三岔五总闹矛盾，隔壁的邻居李婶想缓和她们的婆媳关系。一次，这婆媳二人正闹矛盾之际，李婶就走过来说："都是一家人，有事儿好好商量，不要动不动就吵架，吵架叫别人笑话。你们应该肝胆相照、和平共处……共同把家庭治理好。"

这里，李婶显然用词不当。"肝胆相照，和平与共"，适用于国际关系，而大词小用，用它来劝说婆媳之间的矛盾，就显得极不准确。

有些词属于习惯性用法，对于这类词语，一定要遵从它们的使用习惯，不能随便用其他词语替代。否则表达出来就不够准确，甚至会造成误会。

有位领导要主持一个追悼会。追悼会按照既定的时间举行，举行时本来应该说"请默哀三分钟"。让人想不到的是，他却意外说成了"请难过三分钟"。参加追悼会的人听到后感觉非常别扭，但出于对逝者的尊重，大家还是

"难过"了三分钟。三分钟过后,这位领导的大脑好像短路了一般,愣是没有想起"默哀"一词,依旧把"难过"挂在嘴上,说:"现在难过结束。"

"默哀"与"难过"虽然都有表示伤心的意思,可追悼会是一个特殊的场所,我们习惯上说"默哀三分钟",而不是说"难过三分钟"。"默哀三分钟"属于约定俗成的范畴,不能随意改变,改变后让人难以接受,甚至会闹出笑话。

显而易见,在与人交流的过程中,用词准确非常重要。用词准确可以将内心的想法准确表达出来,有恰到好处的功效;过于夸大或缩小的用词,就不能完整地表达出内心的真实想法,让自己陷入进退两难的境地。在屠格涅夫的小说《罗亭》中,皮卡索夫与罗亭有这样一段对话:

罗亭说:"好极了!按照您的说法,信念之类的东西就不存在。"

皮卡索夫说:"的确是这样,根本就不存在。"

罗亭说:"您确信不存在吗?"

皮卡索夫说:"对,千真万确,根本不存在。"

罗亭说:"既然您这么坚信,信念这种东西不存在。我觉得您错了,当您否认信念根本不存在时,你就在坚持信念的存在。因为'根本不存在'对您来说就是信念,它确确实实存在于您的思想中。"

皮卡索夫在回答罗亭的第一个问题时用了"根本"这个词,就把话说绝了,结果让自己掉入了语言陷阱。因此,当你遇到没绝对把握的事情时,最好多用"可能""也许""或者""大概""一般"等意义模糊的词,给自己留下余地。

学会准确用词,是准确表达的最基本要求。用词准确,不仅能形象逼真地再现你想表达的事物,而且还能明确地表达出你的思想感情和意图。那么,我们怎样才能做到用词准确呢?

1.搞清楚词义

汉语博大精深，每一个词语都有固定的或多个含义。与人交流时，要想使用某个词语，就要了解该词语的含义，确定它适用当时的语言环境，这样的话才能做到恰如其分。如果你想使用某个词语，却对该词语似懂非懂，这个时候千万不要随便使用，否则很可能在表达上出现错误。比如："你可千万不要高屋建瓴，房子建得太高不一定是好事。"

很明显，说话者完全不了解"高屋建瓴"的意思，它指居高临下，处于可以控制全局的有利地位，有不可阻挡的形势的意思，根本就不是指把房子建得很高。

2.细辨近义词

汉语词汇丰富多彩，近义词特别多，它的优势在于增强了语文的丰富性；缺点是，如果不认真分析、辨别，必然会出现语言混乱的现象。比如："听了你的话，我感到非常后悔。因为我身为一名经理，还不如一个普通职员。"

在这句话中，"后悔"一词就用得不够准确。"后悔"一词是指事后感到懊悔，而这位经理在使用上出现错误，他本来是想表达在某件事上或某个问题上做得没有普通职员好，不配担任经理一职。如果将"后悔"换成"惭愧"，就恰当多了。这位经理没有经过认真辨别，使用了"后悔"一词，没能把自己当时的心情准确表达出来。

3.注意感情色彩

汉语词汇带有一定的色彩，通常表现在语体和感情两个方面。语体色彩一般指口头和书面，感情色彩一般指贬义和褒义。在表达内心想法时，如果恰当使用，会起到良好的作用。如果使用不当，就会影响情感的表达，甚至闹出笑话。比如："简直太意外了，你父亲刚死不久，母亲也因车祸上了西天，真是让人伤透了心。"

"死"这个字是口头用语,这样表达就显得很不礼貌,缺乏基本的同情心,而"上了西天"则是贬义,用在这里与整句的情感色彩搭配不协调,应该分别把它们改为"去世""病故"等词语。

> **精进技巧**
>
> 用词准确是我们表达情感的重要环节。一个人要想在语言交流中有所收获,就必须加强个人的表达能力,而表达能力则依赖于用词的准确性。如果你一开口,就在措辞上出现错误,那便很难赢得对方的信赖。

紧扣当下用语,不要被时代甩得太远

小李是位才子,经常在报刊发表文章,但他性格内向,接受外界事物的能力差。互联网高速发展的时代,有时为了查一个知识点,他宁可把大把的时间花在书本上,也不愿借助互联网。为此,朋友劝说他多次,让他充分利用互联网,这样既可以节省时间又可以提高效率。他微微一笑,不表示反对,但也不按朋友的建议去做。

由于性格内向,他认识的异性很少,至今还是单身一人。前段时间,朋友给他介绍了一位女生。约会时,两人的交流也算顺畅,印象也不错。快到吃饭的点儿了,小李问:"你应该饿了吧,我们一起去吃饭好吗?"

女生回答道:"我可能吃了假饭。"就是这句"我可能吃了假饭",让小李大跌眼镜。他用疑惑的眼光看着女生,问:"难道饭还有真的和假的吗?"

女生听他这么问,大感意外,用手捂住嘴巴,不让笑声爆发出来。等到心情稍微有所平息后,女生说了句"你'out'了",然后借故离开了。

小李这次约会主要失败在不懂得时代用语上。女生的那句"我可能吃了假饭",意思是出发前吃得饱饱的,现在的确饿了,潜台词是愿意和他一起吃饭。正是由于他在当下用语上出现的短板,错失了一段姻缘。

随着时代的快速发展,日常用语也变得格外丰富多彩。有些承载我们数千年文明的词语出现转换，词性也随之改变，旧的词语赋予了新的含义，旧的事物有了新的表达方式，甚至还出现一些新的词语。这时，倘若你拒绝接受这种变化，那么你可能就渐渐地被时代无情地甩了出去，成为一个与时代格格不入的人。

在你的社交圈子或职场中，大家都在接受和认可新鲜事物，你遇到与你一样的人的概率十分渺小。与此同时，你也不可能一直生活在过去。所以，与人交谈时，一定要与时俱进，只有这样才能融入社会的潮流之中，才能给自己的思想和认知注入新鲜的"血液"，才能在与人交谈时准确表达出内心的想法。

那么，在与人交流的过程中，如何做到让语言与时俱进呢？

1.所用的词汇要与时俱进

人类文明能够不断地向前发展，主要原因就是我们在改变世界的同时，语言也在不断地更新升级。词汇是语言构成的基本单位，新鲜词汇出现得越多，说明社会发展越进步。假如你现在还不知道"累觉不爱""十动然拒""不明觉厉""请允悲""也是蛮拼的""惊爆了""在有生之年，在不死之前"想表达的什么，那么，你真的与时代脱节了。当然，不知道这些流行用语不代表你知识贫乏，但如果在语言上没有与时俱进，你在与他人交谈时，就不容易与对方产生共鸣。

2.所谈的话题要与时俱进

与人交流时，根据谈话对象的不同，话题也要有所不同。如果你的交流对象是整天为一日三餐而奔波的人，这个时候你在他面前大谈风景名胜，结果准会遭到对方的白眼，因为对方连"温饱"都成问题，哪有心思与你探讨风景名胜。假如你同对方谈当下哪个方面是赚钱的热门，对方一定感兴趣，并且能够成为你的忠实听众，对你的话题产生好感，你与对方在聊天的过程中就能产生互动。

一次聚会上，有人提起一位明星偶像，并向朋友询问该明星的情况。朋友打趣道："你都是'坐四望五'的人了，怎么会如此关注年轻的小女孩呢？"那人急忙说："可别拿我开涮了！她是我儿子的偶像。在家总听他提起，我就随口问了一句'她是谁'，结果儿子竟然说我落伍了，所以才问你是否知道这位明星偶像，想了解一下情况。"

"流行"是一个非常普遍的话题，也是现代生活的风向标。时事政治、社会新闻、体育快讯、娱乐新人、当红明星、流行服饰、流行语言等都有可能成为热门话题。如果别人在提及这些话题时，你却云里雾里，就可能会被认为是"古董"或"文物"，轻者遭到善意的嘲弄，重者可能被人鄙夷。

互联网的快速发展，催生了许多话题，比如"你妈妈喊你回家吃饭""哥吃的不是面，是寂寞""把人贩子都枪毙""中国的帅哥在抗洪前线"等，都是某个时间段的热门话题。如果你是中老年人，不知道这些是怎么回事儿，还可以免于被嘲笑；如果你是年轻人，尤其是年轻的网友，对方正在小声哼歌，你上前说："哟，今天心情不错嘛！大声点，让我听听你在唱什么歌。"对方回你一句："我唱的不是歌，是寂寞。"这时，如果你不知道对方在说什么，丈二和尚摸不着头脑，势必会成为众人的笑料。

不过，由于人的兴趣有所不同，生活中总有一些人对于新事物容易产生排斥感。所以，无论是说者，还是听者，都应该培养开阔的观念以扩大生活话题的范围。

养成开放的观念，有利于与他人进行愉快的交流。我们应该明白，大多数人说话的目的是想让自己的看法得到他人的认可，如果对于对方的话题或看法，你从未耳闻或一直处于排斥状态，势必会导致对方对你失去兴致。当然，开放的观念并不是要你完全放弃自己的价值观，没有任何借口和理由地去接受所有的信息。

精进技巧

若想紧扣当下用语,不被时代甩得太远,就不要墨守成规,不要全盘否定和排斥新的事物,一定要放开心胸去接触更多的事物,从而增加自己的见识和经验,充实自己的谈话内容。这样的话,才能让交流的通道保持畅通。

"停顿"有门道,千万别小瞧

只要稍加留心就会发现,有些人说话的语速很快,犹如机关枪扫射般一口气把该说的话全部说完。然而,"口齿伶俐"有时候并不是一件好事,因为语速过快,可能使听者根本分辨不出说话的内容。

出现这种情况的一个主要原因是说话者不懂得如何停顿。会说话的人在表述某件事或某个问题时,该快的时候则快,该慢的时候则慢,语速表现出起伏跌宕、有轻有重的状态。从表面来看,停顿是说话时词语或语句之间声音上的间歇,但事实上却有很多的语法和语义都在停顿上得以体现,并且在大多数情况下,标点的运用就是为了停顿。尤其是在语义方面,句子停顿的地方不同,表达出意思也会有所不同。

某单位调整工资后,决定召开一次总结大会,会上一位领导做报告时说:"通过这次工资调整,把大多数员工的积极性都调动起来了,那些已经加了工资的'和尚',未加工资的同志,都纷纷做出表态……"

领导"妙语"一出,在场职工一片哗然,除了偷笑外,不少人揶揄道:"我们这里又不是少林寺,哪来的和尚?"

"怪不得我们这些人的工资还没有涨,原来都给庙里的和尚了。"

在这里闹出笑话的原因是,这位领导不懂得如何停顿,在不该停顿的地方停顿了。正确的语句应该是"那些已经加了工资的和尚未加工资的同志,都纷纷做出表态……"这样说,就不会闹出笑话了。

可见,仅有好的语言还不够,如果我们连最基本的换气与停顿都把握不好,再好的语言也得被浪费。

那么,我们在说话中怎样运用好停顿呢?

1.注意语言逻辑

在文字语言中,但凡有标点的地方一般都需要停顿;而在一个句子中间,为了准确地表达语意,揭示语言的内在联系,也需要根据要表达的意思合理地划分词组,做出适当的停顿。词组之间的停顿千变万化,是停是连须以表意准确清晰为出发点,做出恰当的选择。

一个富翁去世,留下一封没有标点的遗书:

"七十老翁产一子人曰非是也家业尽赋予女婿外人不得干预"

这封遗书根据停顿点的不同,可以有两种读法:

"七十老翁产一子/人曰非/是也/家业尽赋予/女婿外人/不得干预"和"七十老翁产一子/人曰非是也/家业尽赋予女婿/外人不得干预"。

显然,这两种读法所要表达的意思完全不同,这可愁坏了执行遗嘱的法官。

2.用停顿来表示强调

有时候由于说话的意图、感情和心理活动的变化不同,语言节奏和语调也要有所变化,这时候就要注意停顿。

经理让小王做一份报告,他告诉小王:"小王,请你明天中午之前交给我!"这里的"明天中午之前"就需要停顿一下,表示强调,这样能让小王对时间的把握格外重视,在写报告的时候把握好时间。

3.句子太长需要换气

说话者恰当地调节气息,可以优化语言的效果。停顿作为调节气息的一种手段，不仅让说话者有换气的机会，也给听者以回味的可能。比如："我们开始努力去了解是那样熟悉而又似乎是那样陌生的亲人。"

这个句子比较长，如果在了解之后稍作停顿，吸一口气，可以为接下来的讲述蓄势，也可以加强语言的清晰度和表现力，使听众更好地领悟这句话的深刻内涵。

> **精进技巧**
>
> "停顿"是说话的重要技巧之一。会说话的人在表达的过程中，懂得该慢时则慢，该快时则快，该加重语气时加重语气。要想通过停顿表达内心的情感和想法，需要我们多练习、多揣摩。朗读是掌握"停顿"技巧的最佳途径。

语言越通俗易懂，表达的效果就越好

朴实的东西往往更容易打动人，因为它真实、不做作、不刻意掩饰。在与人交谈的过程中，需要表达内心的想法或观点时，最好使用平实通俗的语言。有的人没有注意到这一点，在遣词造句上故意显摆自己，岂知措辞越华丽，越让人难以接受，因为大多数人不喜欢华丽的辞藻。华丽的辞藻说出来固然很美，但会给人一种不真实、浮夸的感觉。相反，朴实的语言，让人听到后心里觉得踏实、靠谱。

小宇一路过关斩将，进入一家上市公司。试用期间，他便显现出很强的业务能力，并且他的人缘也不错。很快，三个月的试用期到了，大家本以为他能正式成为公司的一员。让人没想到的是，公司并没有给他签正式合同，这就意味着他没有被公司录用。

对于公司的做法，员工们有些不解，私下里议论纷纷，表示对小宇的离开感到惋惜。针对这个情况，公司领导利用开晨会的机会做出解释。领导说："小宇的确是一个优秀的人才。公司最终没有录用他，也是有原因的，而且是他自己的原因。"

领导这么一说，员工们更加迷惑了，大家面面相觑，想不出原因。有一位员工实在憋不住了，便说："他真的挺好，我真想不出问题出在哪里。"领导说:"我说出来,你们就全都明白了。"员工们把目光全都聚焦到领导身上,等待领导揭开谜底。

领导说:"你们跟小宇交流时,他在表达上是不是有问题呀?"

"挺正常呀,没觉得有什么问题呀!"员工们几乎异口同声,脱口而出。

领导笑笑说:"难道你们没有发现,他说话时经常使用一些文言词吗?尤其是'之、乎、者、也'等虚词用得特别频。不仅如此,他还喜欢堆砌辞藻。一句简单明了的话,从他口中说出来,就变得复杂了许多。"

员工们听领导这么一说,这才恍然大悟,纷纷举出例子,证明小宇说话的确像领导说的那样。这时,又有员工说:"他喜欢用文言词,说明他的文言文功底好;喜欢堆砌辞藻,说明他文采好。这怎么成了不录用他的理由了呢?"

领导接过话茬儿,说:"现代社会是一个竞争的时代,我们在保证说话质量的前提下,语言越通俗易懂,人们越容易接受。反之,我们在表达内心的想法时,使用费解、拖拉、烦冗的语言,对方就不想听下去,从而会影响我们的效率……小宇就是喜欢这样,所以我们不能录用他。"

正如这位领导所言,要想在竞争中生存下去,效率至关重要。通俗易懂的话,可以在短时间内让对方明白我们的想法,自然也就提高了办事效率。

这里我们要搞清楚一个事实,千万不要把通俗易懂与粗俗、低级等同起来,要知道,这样的语言并不能彰显你的真诚,相反,它只会让人觉得你这个人很浅薄。所以,要注意文明用语,做一个懂文明、讲礼貌的人,正常说话,用简单、易懂的语言表达出自己的意思。那么,我们在向他人传递信息,表达内心所想时,怎样才能让语言通俗易懂呢?

1.平时说话,尽量使用口语

平时和朋友讲话,如果张口就使用书面语,对方会觉得你在故意表现自己,从而降低与你交谈的积极性。因此,平时跟朋友交谈时,最好多使用口语，避免使用书面语。

口语的优势在于语言通俗易懂，语句简洁明快，很少有冗繁的长句和倒装句；几乎不会出现专业术语；音节清晰，容易听懂，便于理解。另外，为了增加交流的气氛，可以根据实际情况增加一些当下流行的热词和网络用语。

用好口语也是一门艺术，如果想表达有深度的道理，就需要我们在日常工作和生活中反复锤炼和认真体会，以达到良好的表达效果。

2.正式场合发言，用熟语为语言添彩

有一些口语经过长期流传，渐渐固定下来，就形成了熟语。熟语一般都具有丰富的内容与精练的形式，包括成语、谚语、惯用语、格言、歇后语等。它们虽然字数不多，通常包含着深刻的寓意，倘若运用得当，可以让语言通俗易懂，并增强说话的分量。

成语是经过千锤百炼而形成的固定词组，具有极强的概括性和丰富的表现力。假如我们在言谈中能够恰如其分地运用一些经常使用的成语，自然就会提高我们语言的精彩程度。

谚语是人们在长期的劳动中积累的一些生活经验，后经过口口相传而形成的固定语句。它富含哲理、句式匀称、音调和谐、具体通俗、形象生动，倘若我们在说话时运用得当，能够提高语言的表达效果。比如，要表达"说话要有分寸"的意思，可以说"过头话少说，过头事少做""话多了不甜，胶多了不粘""话不要说死，路不要走绝"之类的谚语。

惯用语和谚语一样，同样可以为语言增添魅力。惯用语是口语中定型的习惯用语，它简明生动、含义单纯、通俗有趣。例如，表达为某人或某事"提供方便"，可以说"开绿灯"；表达做事抱着不管不顾的态度，可以说"不管三七二十一"。准确地引用惯用语，可以增强演讲和谈话的幽默感和说服力。

歇后语也是熟语的一种，通常情况下由两部分组成，前一部分是比喻或说出一个事物，后一部分才是所要表达的真实意图。比如，想要表达"两面讨好"的意思，可以说"快刀切豆腐——两面光"；想要表达"一个人没有主见，见风使舵"的意思，可以说"风吹墙头草——两面倒"。这样会使你的语言生动活泼，给人留下鲜明深刻的印象。不过在使用时，千万不要用得过滥，否则会令人生厌。

精进技巧

如果交流的对象不是专家、学者，浅显、平易、朴实的语言更容易被接受，同时少用专业术语，更不可咬文嚼字。如果对方具有较高文化素养，交流时可以稍微文雅些。无论如何，准确地把你的意思表达出来，使说出的话受到对方的欢迎，这才是好的表达。

高明的附和让谈话高潮迭起

附和是指对别人的言行进行应和、追随，也指顺从别人的言行。附和不是简单的"是""同意""对着呢""是这样"诸如此类的话，这样直白的附和没有任何效果，反而会让别人认为你是在拍马屁。

婷婷和玲玲从小一起长大，两个人亲如姐妹，无话不谈。最近，婷婷交了一位男朋友，想让玲玲帮她参谋一下。

婷婷说："他阳光、高大、帅气，简直是我的男神，你觉得他怎么样？"

玲玲附和道："是啊，他真的又高大又帅气，姐姐'艳福'不浅呀！"

婷婷又说："像这样的男生，应该有很多女生喜欢他，可他为什么偏偏喜欢我呢？"

玲玲附和道："那说明你们对上眼了呗！"

婷婷还说："我对他不放心，该怎么办呢？"

玲玲附和道："有什么不放心的，该来的则来，该去的则去，顺其自然吧！"

婷婷听了玲玲的附和，白了她一眼，不再说什么了。

显然，在婷婷与玲玲的对话中，婷婷没有从玲玲那里得到她想要的答案，换句话说，玲玲的附和太草率。在这段对话中，婷婷问了三个问题，玲玲同样给了三个附和。仅以第一个问题为例，婷婷想从玲玲那里得到看法，玲玲的附和却停留在表面上。她应该这样附和："他的颜值的确很高，至于人品方面，还需要你在交流中去进一步了解。至于我对他的看法，整体印象不错，建议你一边交往一边了解，然后再做出判断。"如果玲玲这样说，婷婷会很满意。可见，附和不是张口即来那样随便，需要智慧和表达技巧。

例如，当朋友向你展示自己新买的衣服时，你会怎么回应呢？大多数人都会觉得"随声附和"是最保险的办法。是啊，既然大家都说"真漂亮""很好看"，那么，随声附和绝对没有错。即使对方穿起来的效果并不是很好，说一句"好看"对方也一定会满意。

假如你当初的回应具有建议性，比如"你的衣服很好看，颜色很配你的肤色，只是我觉得你换一双浅色的鞋子就更完美了"，这样既称赞了她的衣服好看，又让她感受到你是真心诚意地赞美她，并且会让她对你的建议心存感激，可谓一石三鸟。要想成为谈话高手，千万不要随意附和。随意附和只会降低你说话的含金量。那么，在与人交流时，该如何做到正确附和，让谈话高潮迭起呢？

1.随声附和对方的话

当对方提出某一个话题时，你只有表现出对此有足够的兴趣，并且愿意和对方就这个话题继续聊下去，才能和对方保持愉快地交谈。随声附和，有时是胜过千言万语的灵丹妙药。恰如其分地附和，能加深彼此的感情，同时会令双方感觉到彼此的人格受到尊重。而且，双方一旦在心理上形成了某种共鸣，就有可能消融隔膜，敞开心扉，进行真正意义上的交流。

一个态度傲慢的阔太太来到一家心理咨询中心，环顾一下房间后，便向同样有40多岁的资深心理咨询师毫无礼貌地发问："你有40多了吧？"

咨询师立即对面临的状况做出判断，以守为攻地说："哎呀，那夫人您也40了吗？看起来您比我年轻许多呢！"

咨询师这一句得体的附和打掉了那位太太的傲气。她马上换了一副和蔼面孔。

巧妙地接过对方的话尾，做出得体的附和，让对方感觉你对他所说的话感兴趣，这显然有利于交谈继续进行。

2.不要突然插入不相干的话题

如果你想在对方的话题即将结束时转到另一个话题，让谈话继续进行，那你的话题务必要与对方所讲的话题有关联，要转得自然，不可太过牵强。比如，对方说："我昨天刚出差回来。"你就不能直接说"今天中午食堂吃什么"之类毫不相干的话题。如果一定要插入一个完全不相干的话题，那也一定要有一个"过渡期"，否则会显得非常突兀。就像上面的对话中，当对方说到刚出差回来时，你如果想转到天气这个话题上来，那你不妨说："是吗？那边的天气怎么样？有今天的天气这么好吗？"如此一来，就显得自然多了。

> **精进技巧**
>
> 高明的附和可以让谈话氛围变得更加和谐，但附和需要一定的语言表达能力。如果对方的话题，你比较了解，就可以与对方侃侃而言。如果对方的话题你不了解或一知半解，那么你可以顺着对方的思路，说对方喜欢听的话。

克服羞怯心理，在交流中展现真风采

美国心理学家泰姆杜巴教授曾在写《怕羞谈》一书时说："我们对数以万计的对象进行了心理调查。统计结果表明，40%的受访人都承认自己有羞怯的弱点。令人吃惊的是，其中包括前总统卡特和卡特夫人，英国的查理王子，电影明星凯瑟琳·丹纽佛、卡洛尔·伯纳特，运动员弗兰特·林恩……许多名人在公共场所看上去好像并不显得害羞，然而，他们却在抱怨心中隐隐约约地遭受着羞怯心理的煎熬。"

其实，羞怯隐藏在几乎所有人的心灵深处。我们要想在交谈中展示自己真实的风采，必须要克服羞怯心理。无论面对哪种类型的人，我们都要做到张口能说，言之有物。

美静24岁，知书达理，长相可爱，打扮时尚，按说这样的女孩无论出现在哪里，都会成为大家眼中的"红人"。可让人想不到的是，无论在工作中还是生活中，她总是显得默默无闻，经常被周边的人忽略。究其原因，是她的羞怯心理在作祟。

在公司里，同事们从来没有见到过美静主动与谁说过话。休息的时候，即便同事主动找她聊天，她也很少说话，基本上是别人说10句，她"嗯"一声。显然，这样的聊天无法继续下去，后来同事们有什么悄悄话或八卦之类的花边新闻，也不找她分享了。

不敢与同事交流，还勉强说得过去，工作汇报是她最担心、最害怕的事情。每次轮到她汇报时，紧张得心突突乱跳，整个人显得颇不自在，说话的声音小得像蚊子"嗡嗡"一样。好在老板与她爸爸是多年的好朋友，加之她工作能力还算突出，要不然她早就被公司扫地出门了。

其实，美静对自己的表现也十分苦恼，她非常羡慕那些可以在会议上侃侃而谈的人，却不知如何摆脱自己的羞怯心理。

很多人因为羞怯，在社交场所不能很好地展示自己，从而错失了许多机会。我们必须要有清醒的认识——这是一个需要自我推销、靠嘴行天下的时代，如果让羞怯心理捂住了自己的嘴，也就困住了自己的能力和魅力。那么羞怯的人都有哪些表现呢？

第一，站在陌生人面前，总感觉有一种无形的压力；觉得自己正在被他人审视，因而显得很拘束，不敢与对方对视。

第二，与人交流时，常常会出现面红耳赤、心慌意乱的情况，严重者甚至脑门流虚汗，就算是硬着头皮张口说几句，也是前言不搭后语，语言逻辑混乱。

第三，通常会因为不能与人很好地交流而烦恼。在社交场所，不善于表达自己的看法或意见，给人一种拘谨、呆板的感觉。

其实，羞怯的人之所以会感到自卑、不敢说话，往往就是因为他们妄自菲薄。那么，在日常生活中，我该如何克服羞怯心理呢？

1.正确看待自己

在日常生活和工作中，我们要明白自己该做什么、如何去做，而不是去在意别人如何评价我们；在社交场所，需要表现自己时就要自然大方，不要考虑别人是否注意到自己。总而言之，正确看待自己，不卑不亢，是与人相处的基本原则。我们只有正确看待自己,才能摆正心态,正确认识自己和他人之间的关系:我就是我,别人怎么看待是别人的事情。倘若你太担心出错,就会产生一种无形的压力,让你感到更加手足无措。

如果你觉得很难做到,可以试着先这样做:在与对方交流时,尽量看着对方的眼睛,并将自己的所有注意力都集中在对方的眼睛上。这样,既可以增加你对对方的注意,又可以减少对方对你的注意。

2.勇敢锻炼自己

羞怯的人在社交场合中,往往会不自觉地表现出逃避,因为他们害怕出丑而不愿去面对。其实,逃避是最糟糕的做法,不仅不能消除紧张,反而使你感到自己的懦弱,使你感到自责,以至于下一次更加羞怯、紧张。

生活中,我们必须与其他人发生联系,必须与人交往,不可能逃避一辈子。与其逃避,不如一开始就勇敢面对。脸皮是练出来的,嘴皮也是练出来的。只要你有勇气找各种机会锻炼自己,就能够打破羞怯的外壳。

你可以试着向平时经常见面但是几乎不说话的人问好,比如传达室的大爷,小区的门卫等;你可以故意找陌生人问路;在排队等候的时候,你可以主动和陌生人搭讪;你还可以积极参加一些社交活动,试着把紧张的情绪放松……

只要你肯锻炼,就一定会有效果。通过锻炼,你会成为一个镇定自若的人。以后无论遇到什么场合,遇到什么样的人,你都能很好地处理。

3.脸红不算什么

在谈话中,如果你感觉自己脸红了,不要用某种小动作去掩饰它,这样反而会使你的脸更红。这会使你感到不自然、不自在,进一步加重你的羞怯心理。曾经有一位女校长,经常在老师和同学面前讲话,一旦碰到陌生人或者领导,讲话时依然会脸红。她的做法就是顺其自然,不加以掩饰。她说:"我知道自己这个毛病,不会刻意去掩饰,红就红吧,只要我的思绪不乱就可以了。"克服脸红的最好办法就是勇敢面对脸红。一位心理学家曾说过:"我们害怕的其实并不是事物本身,而是我们自己。"确实,其实克服害羞的关键就在于你能不能战胜自己,勇敢地去面对。

> **精进技巧**
>
> 负面情绪是克服羞怯心理的拦路虎,要想摆脱负面情绪,就必须培养积极乐观的心态。工作或生活中,尽可能多地向好的方面想,看到"阳光"的一面,而不是"阴暗"的一面。渐渐地,负面情绪就会离我们而去,羞怯心理也就随之消失了。

第二章 chapter

被红灯叫停，为何不让舌尖绕行

交流的过程，其实也是双方用语言博弈的过程。我们在表达内心的想法时，如果不经过思索，张口即来，很难达到预期效果。这就要求我们在与人交流时，使用一点儿心计，把话说得漂亮些。对方听着心里舒服，我们就容易达到目的。

虚实结合，才能把话说巧

交流的过程，其实是一场心理博弈的过程。在这一过程中，可能是我们有求于对方，或者对方有求于我们。当有些话题或问题不便直接回答时，可以采用"虚实结合"的方法进行化解。"虚实结合"是一种表达技巧，可分为"以虚对实"和"以实对虚"两种方式。

"以虚对实"法就是在某些特殊场合，由于某种原因或需要，对别人提出的某些问题，自己既不便拒绝回答又不能明确回答之时，往往需要虚与委蛇，做出貌似概括、实为空洞的"废话式"回答。其最大的妙处是，它是一种似答而非答的巧妙回避。

说"似答"是因为它就问而答，答其所问；说"非答"是因为答的内容空洞浮泛，且有意识地让对方得不到满足，从而使"答"变得毫无意义。这是一种以虚答对实问的策略，是一种充满智慧的"语言敷衍"。

这种方法在让对手无法探底的同时，又巧妙地将自己或者事物的真相隐藏起来，从而创造出一种扑朔迷离的语言境界。某些情况下，虽说对方不是故意找碴儿，但其提问回答起来较难，或者不是短短几句就能说清楚的，这时候同样可以采取以虚对实的方法，无须实言相告，而是虚言应之。

子尧大学毕业后凭借自己的努力终于跻身"金领"的行列。这虽然让他获得了富足的生活，却也让他失去了一些朋友。尤其是大学期间的一些同学，每次在他说出自己的收入之后，都会渐渐失去联络。于是，子尧决定，以后绝不再告诉别人自己的收入。

可是，总还是有一些好奇心较重的人。在一次同学聚会上，子尧再次面对这样的问题："你收入有多少？"

子尧看着那些等待答案的面孔，一时陷入了为难的境地。回答呢，有可能会让他们觉得自己故意刺激他们，从而被他们嫌弃，还有可能激起他们的嫉妒和自卑心理；不回答呢，会让他们觉得自己小气，还是会得罪他们。

突然，子尧灵机一动，想起自己昨天在电视上看到白岩松在记者问到收入的情况时的巧妙回答："有一点，不管挣得有没有大家想象的那么多还是怎么样，但是我心里会经常有一些不安。这种不安不是来自钱很多，而是当你做了很多节目，你看别人的时候，会发现北京这样的大城市还会有人经常把几毛钱当成平常花钱的标准。我觉得无论收入高还是不高的朋友，面对这些朋友时心中都会有一些不安。"

于是，子尧借用白岩松的智慧，做出了自己的回答："不管挣得有没有大家想象的那么多，我心里却经常觉得很苦恼。这种苦恼不是来自钱多或钱少，而是被越来越多的同学问到这个问题，我就失去越来越多的友情。实际上，对我来说，收入的多少都不及友情珍贵！"

子尧的回答立即迎来了一片掌声。从那之后，再也没有人问他收入多少的问题了。

子尧在面对"收入"这个难题时的模糊回答，不但使自己摆脱了尴尬，同时将话题绕到自己珍惜友情上，进而赢得了大家的赞赏，可以说是"以虚对实"的最好诠释。

"以实对虚"就是当提问方故意运用一些虚幻的、无法验证的论题来设置语言困境，企图难倒对手时，对答方反其道而行之，以一些具体、实在的答案来回敬对方，取得胜利。

很久以前，有个国王要为难一位修道院的院长，给他出了一道难题：天地之间相距多远？国王只给修道院长三个礼拜的时间想出答案。院长回到修道院，苦思冥想，就是想不出答案。一位石匠知道这件事后，就告诉院长，他可以提供帮助，院长感激万分。

到了该给出答案的这天，石匠装扮成院长的模样，走进皇宫。

国王问道："答案你想出来了吗？我不要含糊的答案，要精确回答。"

石匠说："启禀陛下，我已经想出来了。"

国王一愣，欠了欠身说："天地之间到底相距多远？"

石匠说："天地相距129872.6543千米。"

国王有些不敢相信自己的耳朵，以为自己听错了，又让对方重复了一遍。国王确认自己听清楚后，说："实在太精确了，你是怎么算出来的？数字确实可靠吗？"

石匠自信地说道："非常准确。如果陛下不相信的话，可派人去测量一下。如果出现半点误差，我甘愿受罚。"

国王对他的回答十分满意，并大加赞赏了他一番。

国王要修道院长说出在当时无法探测的天地之间的准确距离，以此来为难院长，而石匠随便报了个看似精确、实在的数字，由于国王无法验证其真实性，这样石匠便有效地化解了国王的难题。

这种"以实对虚"的方法的特点是，对手的论点是虚的，无法验证；而己方用来回答的内容也是无法证实的，但却是以"实"的面目出现的。

这种"实"可以表现为大，也可表现为小，可以表现为远，也可以表现为近，总之，应根据具体的场合选用对方无法验证的"实"来回答。因对方无法验证其真假与否，只能无可奈何地接受这种似真实假的回答，从而拱手让出论辩的主动权。

精进技巧

无论是"以虚对实"还是"以实对虚"，均可帮助我们在与人交流过程中摆脱不利局面，让我们稳稳掌控交流的主动权。但是，在使用"虚实结合"的交流方法时，不能生搬硬套，要根据实际情况进行应用。

巧妙周旋，逐步达成目的

小高和小秦是一对恋人，前几天因为一件小事吵架，之后一直冷战。最后，小秦终于忍不住先给小高打了电话。但是，电话接通后，她也不知道该说什么，就随便找了个借口："我有一本参考书放在你那儿了，现在着急要用，你给我送过来好吗？"

小高按捺住心底的喜悦，装作病恹恹的，低声说："按理说我是应该给你送过去的。可是我现在生病了，还病得不轻呀！"

小秦一听立即紧张起来，之前的不快也早已抛到九霄云外："你怎么了？要不要紧？"

小高一听就知道小秦还在乎自己，于是更加大胆地和她周旋："亲爱的，上次吵架是我不对，你原谅我好不好？"

"好，好。你快告诉我你怎么了？严不严重？"

"只要你原谅我，我的病就好了。因为，我得的是相思病。"

小秦听后"扑哧"一笑，两人的矛盾也就此解开了。

冷战中等到恋人的电话，小高当然非常高兴，但是，小高在不知道小秦对自己的态度如何之前，怕"要求原谅"会被小秦拒绝，于是就用了"欲擒故纵"的方法，巧妙地和小秦进行周旋。在确定小秦还在乎自己并原谅自己之后，他才说出真相。最终，他博得美人一笑，达到了自己的目的。

通常，如果我们被对方直接拒绝往往会陷入比较尴尬的境地，而接下来再想进一步说服对方同意自己的观点就比较困难。这个时候不妨采用"欲擒故纵"的方法，或站在对方的立场上表示同意对方的观点，或另辟蹊径绕开当时的话题，均能达到意想不到的效果。

某足球评论员想采访一位国际球星，可交谈刚开始，就被对方拒绝了。谈话陷入僵局，该怎么办呢？

足球评论员灵机一动，说："你误会了，其实我根本就不想采访你。"足球评论员的这一招"欲擒故纵"不但引起了球星的兴趣，同时也给自己赢得了机会。

接着，足球评论员说："我只想向你送去祝福，你看我手中拿着这么多的信，都是球迷写给你的，这些信表达出同一个意思，那就是祝福你！"

国际球星听后，非常感动，说："中国球迷真让我感动，谢谢中国球迷！"

足球评论员见时机成熟，便说："我能不能代表中国的球迷向你提几个问题？"

国际球星豪爽地说："当然可以。"

足球评论员最终达到了采访的目的。

在遭到国际球星拒绝后，足球评论员绕开话题，利用"中国球迷"来和对方周旋，继而争取到与对方对话的机会，接着抓住时机，成功完成了采访任务。

当然，要想顺利地使用"欲擒故纵"的说话技巧，其中的细节必须做好。如果你在和对方周旋的过程中，绕得太远，无法绕回到正题上，那这种周旋就变得毫无意义。或者你在和对方周旋的过程中，缺少耐心，让对方觉得你在敷衍他，那么你也是无法达到目的。还有一些急脾气的人，在被拒绝之后往往按捺不住自己的脾气，和对方争论起来，那时再考虑使用"欲擒故纵"的技巧也为时已晚。

要采用"欲擒故纵"的说话技巧，会"听"非常重要。听，不仅表现了你的诚恳态度，同时你还能够在听对方说话的过程中把握对方的态度和情绪，从而准确判断和把握时机。

如果第一个例子中的小高不是"听"出小秦对自己的关心，从而判断出对方会原谅自己，他最后亮出的"真相"恐怕也只会让对方觉得被他欺骗了。如果第二例子中的足球评论员不是在"听"的过程中准确把握住球星对中国球迷的"感动情绪"，恐怕他提出的"提几个问题"的要求也只能被拒绝。

"欲擒故纵"是我们会经常使用的说话技巧。当我们"故纵"之后，会使对方在情感上更容易接受我们，而不致引起反感。在这种前提下，我们再"擒"就容易得多了。

> **精进技巧**
>
> "欲擒故纵"的说话技巧，是我们在取得对方的理解和支持之后，再提出自己的观点，这样一来，对方就更容易和我们达成一致。所以，这种技巧不但适用于怕被对方拒绝的时候，同样适用于被对方拒绝之后。

以柔克刚，攻防间打好语言的"太极"

有一次老子讲学，问他的学生："是小草强大还是大树强大？"学生说大树强大。老子又问："那大风来了是小草先倒还是大树先倒？"学生说大树先倒。老子问："是牙齿坚硬还是舌头坚硬？"学生说牙齿比较尖硬。老子说："我这个年龄，牙齿脱落了，但舌头还在。"

通过一句"我这个年龄，牙齿脱落了，但舌头还在"，老子阐述出了"以柔克刚"的深刻道理。

一次，歌德与一位批评家狭路相逢，两人面对面站着，谁也不肯退让。

那位批评家平时非常刻薄，动辄攻击他人，歌德很讨厌这个人。就在两人僵持不下时，批评家用傲慢的口吻说："面对傻子，我绝对不会给他让路。"

歌德一听，马上把道让了出来，站在一边，微笑着说："我的想法与你恰恰相反。"

对待态度傲慢的人，"以牙还牙"不是最好的办法，最好采用以柔克刚的方式，进行巧妙应对。歌德的巧妙回答，不仅缓和了紧张的气氛，对傲慢的批评家进行了有力的回击，更重要的是表现出了自己的良好修养。

有对小夫妻，经常为一些生活琐事吵架。一天，丈夫下班回到家里，发现妻子正在屋内收拾行李。丈夫有些不解，问道："你干吗收拾行李呀？出差也不需要这么多行李呀。"

"这个家我没法待下去了！"妻子没好气地回答道："一年到头，整天争吵不休，这样的日子我厌倦了。"说着，她提着行李向外走。

丈夫一愣，不过马上就反应过来，但他没有去阻拦妻子，而是冲进房间，拉起一个皮箱向门外冲出，对着前方的妻子喊道："亲爱的，等一等！我也待不下去了。要走，咱俩一起走。"

正在气头上的妻子，听丈夫这么一说，又好气又好笑。她一肚子的怨气，也随着丈夫的歉意和爱语一散而去。

"床头吵，床尾和"，夫妻间的吵闹是生活中常有的事儿。面对正在气头上的妻子，如果丈夫针锋相对，无疑是火上浇油；如果丈夫消极回应，两口子可能就真的"Bye Bye"了。

这个故事里的丈夫在处理问题上显得很聪明。妻子正在气头上，他没有劝妻子留下，也没有做任何的解释，更没有责怪和抱怨，而是左一个"亲爱的"，右一个"我也待不下去了"以及"咱俩一起走"。这哪里像夫妻吵架闹分居呀，分明像患难夫妻因某种原因被迫离家。

听到丈夫的这番柔情如水的言语，妻子不但感到好笑，而且理解丈夫是以他的智慧含蓄地表达了自己的歉意爱意。

听其言，观此举，妻子怎么能不破涕为笑，回心转意呢？这就是以柔克刚的范例。妻子怒气冲天、气势汹汹，这是"刚"；丈夫含情脉脉、爱意缠绵，这是"柔"。

这就是中国武学中"四两拨千斤"的道理。说话高手常常运用此法，往往能达到谈笑间让强敌灰飞烟灭的奇效。

1918年，冯玉祥在湖南常德出任镇守使。当时，日本侵略者向中国提出的"二十一条"，激起中国人民的愤怒，抵制日货的浪潮很快就席卷了全国。

一天，冯玉祥举办宴会，邀请各国公使出席。日本公使到来后，发现宴会厅中悬挂的国旗中唯独没有日本的太阳旗。

他当即愤怒起来，气势汹汹地来到冯玉祥面前，大声质问道："冯将军，不会是因为您一时健忘，而忘记悬挂我大日本帝国的国旗吧！我郑重向您提出抗议！您的这种行为，是对我大日本帝国的侮辱，请您立即纠正这种低级错误！"

面对气急败坏的日本公使，冯玉祥镇定自若，不慌不忙地说："公使先生，暂且息怒，听我解释。"

日本公使瞪了冯玉祥一眼，气呼呼地坐在冯玉祥面前，说："看您给我怎样耍花招。"

冯玉祥微微一笑，说："我知道没有挂太阳旗，但这不是我的错。先前我派了好多人到全城的商店里购买太阳旗。然而，大家都在抵制日货，贵国的国旗实在买不到。要不是贵国政府弄个'二十一条'来，怎么会出现这样的情况呢？"

冯玉祥这番"柔声细语"，在日本公使听来却如带刺的荆棘，他刚才的嚣张气焰在一阵刺痛中消失殆尽了。

可见，"柔"不是柔情、柔顺，而是外柔内刚，柔中有刚。只有这样的"柔"才能真正地将"刚"克住。

精进技巧

以柔克刚，其实是以耐心、信心、恒心、毅力去克制对手的浮躁、虚张声势，要求语气亲切、语调柔和、语言含蓄、措辞委婉、说理自然等，而这种说法容易使对方感到亲切与愉悦，所谈之言也比较容易入耳生效，进而收到以柔克刚的交际效果。

顺意反诘，让对方学会反思

一个工人上班经常迟到，有一次他又迟到了，被车间主任逮了个正着。

车间主任问他："你为什么总迟到？"

工人说："睡过了头。"

车间主任："哦，为了睡舒服觉就耽误工作时间呀？"

工人嬉皮笑脸地说："列宁不是说过嘛，不会好好休息就不会好好工作，我多睡一会儿正是为了更好地工作呀！"

车间主任面不改色地说："列宁是说过这样的话，但是列宁可没说过为了休息好可以耽搁工作呀！"

车间主任先是肯定了工人的正确观点，然后指出列宁并没有说过鼓励工人耽误工作的话，其气势咄咄逼人，使工人无法狡辩，只得偃旗息鼓，乖乖接受教育。

小齐有错不改，我行我素，朋友劝他："你不能这样呀！作为朋友，我应该提醒你一下，许多人对你知错不改的态度很有看法，在背后纷纷议论你呢！"

小齐却说："走自己的路，让别人说去吧！"

要是一般人听到这种话可能会气得半死："我是好心提醒你，你却不知好歹，你去走自己的路吧！"可是他的这个朋友非常够朋友，也非常机智，只见他不慌不忙地说："对，你要是走的是正道、直道，别人怎么说你我不管，可是你都走到悬崖边了,也不需要别人提醒吗?"

这位朋友的反驳方法和上面例子中的车间主任差不多,都是先顺承其意,然后突然转折,加以反问、驳斥,使对方陷入进退两难的境地。

现实生活中,争辩经常发生。有时候争辩是合乎逻辑的,可是有些争辩完全不按照套路出牌,类似于诡辩,搞得你晕头转向,有理说不清,明知对方无理,可就是无力还击。

其实,那些不讲道理的人得出的结论是非常荒谬的,他们还喜欢引用名人的话证明自己的结论,看上去似乎非常严密。

有一对新婚夫妇,男人还没有彻底改变单身时候的习惯,下班后依然不及时回家,而是和朋友们一起吃喝玩乐,甚至通宵达旦不回家。妻子很不满意丈夫的这种行为,埋怨他不回家。

丈夫却引经据典:"古人云:'两情若是久长时,又岂在朝朝暮暮?'我虽然陪你的时间少一点儿,家务活儿干得少一点儿,可是我对你的爱就像那'冬天里的一把火'!"

妻子一听这话,觉得既好气又好笑,反驳道:"那你以后都不用回家了,看咱俩的感情能不能长久吧。"

妻子的话虽然是气话,可是却很恰当地使用了推至极端的方法,将了这个花言巧语的丈夫一军。

精进技巧

顺着对方的意思反问对方,继而引起对方的反思,是说话的重要技巧之一。它需要反问者有丰富的知识和敏锐的辩驳能力,在反问中,让对方认识到自己的不足。要想把"顺意反诘"运用得恰到好处,需要我们在日常工作和生活中,多动脑思考,多积累知识。

投其所好，你的话更受欢迎

日常生活中，每个人都有自己的爱好。爱好是一个人的乐趣所在，就是通常意义上人们说的快乐。一般情况下，为了获得这种快乐，人们都会愿意付出人力、物力和财力，甚至是情感。如果你能投其所好，就会与其成为朋友；相反，你若冲撞他的爱好，轻则讨人嫌，重则让对方怒气冲天。尊重别人的爱好，可以赢得别人的喜欢，因此，在管理人际关系的过程中，我们要学会投其所好，并且要对对方的爱好有一定的了解，这才会为你们架起成功沟通的桥梁。

刘先生是一位冰块制造商，却一直苦于无法打通关节让某家大饭店订购冰块。三年来，他采取各种方式想要接近这家大饭店的采购部经理吴先生，或是正面拜访，或是旁敲侧击，都没有奏效。他每周二必去拜访吴先生一次，经常参加吴先生所举行的会议，有时候还以客人的身份住进大饭店，但吴先生丝毫不为所动，依然没有订购他的冰块的意向。

刘先生下定决心，一定要让这家饭店订购自己的冰块。他改变策略，开始打听吴先生的兴趣爱好。不久，他发现这位经理对当地饭店协会的事很热心，是该协会的会长。得知这个情况后，刘先生开始尽可能多地了解这个协会的活动信息。

后来，再去拜访吴先生时，刘先生就以饭店协会为话题，果然引起了他的兴趣。整整一个小时的时间里，吴先生一直在和刘先生交谈关于协会的事，而在谈话过程中，刘先生丝毫没有提到冰块的事。

没想到几天后，饭店的人把电话打到刘先生公司的采购部门，要求给他们一份冰块的订购单和价格表。就这样，这笔原来看似无比艰难的大买卖终于做成了。

刘先生通过深入了解，掌握了贵人的兴趣所在，在与饭店经理吴先生闲聊其有兴趣的事情的过程中，使对方的态度发生改变。这就是投其所好的绝妙之处。

某知名相声演员，有一次到地方演出。早在他到之前就有许多媒体得到了消息，因此他刚到达目的地，就有多位记者赶来采访。可他们都被他婉言拒绝了。

奇怪的是，在众多的记者中，有一位记者最后得到了采访机会，只因为他敲开对方的门后说了这样几句话："您好，我是一个相声迷，我对您的节目有些意见……"听到这里，对方顿时来了精神，便热情地接待了他。

接下来，两人就开始探讨起相声，而且聊得很投机。最重要的是，这位记者在谈话的过程中，将自己要采访的问题穿插了进去，自然也就轻松地得到了自己想要的采访内容。

这位记者正是借着相声演员的兴趣巧妙地打开了他的话匣子，最终顺利地完成了采访任务。他谈到了对方喜好的话题，从而吸引了他的注意，并在交谈中拉近了彼此间的距离。

实践证明，在社交活动中，共同的兴趣与爱好可以促进交往的双方相互接近，在心理上诱发出一种特定的吸引力，缩短双方的心理距离，还可以引起交谈双方情感上的共鸣。那么，如何才能做到投其所好呢？通常，需要我们要做到以下几点：

1.积极搜集对方的相关信息

通过向对方的亲友、同事、熟人等打听，了解对方的兴趣、爱好、习惯等背景信息。这样，我们再与对方交往时，无论是待人接物还是谈话，都能做到心中有数。当然，有时候信息不一定能事先收集到，需要我们做个有心人，自己去发现。

2.多谈与对方有关的话题

在人们眼中，最重要的事往往是与自己有关的事。大多数人一谈到自己，便会兴致勃勃，甚至激情四射。此时，如果我们能专注倾听，就会被对方当作知己。因此，在与对方谈论时，多谈与对方有关的事，少说和自己有关的事，这样别人会觉得更加满足，而我们在他心目中的地位也会大大提高。

3.从对方"在行"的话题谈起

常言道，三句话不离本行。人们都喜欢谈论自己在行的话题，因为它关系到一个人的成败与荣辱。

因此，在与人交流时，要想接近对方，可以从他最在行的话题谈起，激发对方的谈话兴趣，唤起对方的成就感，让他觉得与你有共同语言，有"酒逢知己千杯少"的感觉，如此交谈就会有好的氛围。对于你所熟悉的专门学问，对方不懂，也没有兴趣，就请免开尊口吧。

4.谈论或帮助对方关心的人

每个人都有自己的亲人、友人、爱人。在谈话或者做事时，如果谈到他们或是做一些对他们有益的事，对方也会对我们表示出极大的好感。

5.把握对方的情绪

在与人交往时，要根据情况顺从对方的情绪。例如，在对方生气、伤心或快乐时，尽量不要说与他情绪相反的话，而要试着接纳他的情绪，与他同喜同悲，这样才能让他们觉得我们是理解他们的，从而增加对我们的好感。

> **精进技巧**
>
> 要想迎合对方的喜好，首先要了解对方需要什么，然后要说对方爱听的、想听的，还要态度谦和友善，使对方能听得下去、听得进去。只有这样，你才能让对方感受到语言之外的情义，才能用语言打动他。

请君入瓮,设下圈套让对方往里钻

苏格拉底是古希腊最著名的哲学家,他善于辩论,被后世称为"最善于辩论的人",他的辩论技巧堪称绝妙。他从小就饱读诗书,通过自学成为一名很有学问的人。他一生致力于哲学研究、社会活动等,目的是帮助人们认识和追求美德。

苏格拉底有很多学生,他在向学生传授知识时,从来不用说教的方式,而是采用辩论的方式,在一问一答中,不断指出学生的错误观点,引导学生得出正确结论。

下面是苏格拉底和他的学生尤苏戴莫斯关于"什么是善行"的对话:

苏格拉底问:"年轻人,你知道什么是善行,什么是恶行吗?"

尤苏戴莫斯说:"当然知道。"

苏格拉底问:"那么我问你,虚伪、欺骗、偷盗、奴役他人是善行还是恶行?"

尤苏戴莫斯回答道:"这些行为自然都是恶行了。"

苏格拉底问:"可是,如果一位将军战胜并奴役了危害自己祖国的敌人,这是恶行吗?"

尤苏戴莫斯说:"不是。"

苏格拉底问:"如果这个将军在作战时欺骗了敌人,并偷走了敌人的作战物资,这是恶行吗?"

尤苏戴莫斯回答道:"不是。"

苏格拉底问:"你刚才说欺骗、奴役和偷盗都是恶行,怎么现在又认为不是呢?"

尤苏戴莫斯回答道:"我的意思是如果对朋友、亲人实施上述行为是恶行,而你列举的情况都是针对敌人的。"

苏格拉底说:"好吧,那我们再讨论一下对亲人或朋友的问题。如果一个将军率军作战时被敌人包围,士兵们因伤亡、困乏而丧失了作战的勇气。将军欺骗士兵说:'援军即将到来,我们来个里应外合将敌人一举歼灭吧!'从而激起士兵的勇气,赢得了战争的胜利,请问这是善行还是恶行?"

尤苏戴莫斯回答道:"我想这是善行。"

苏格拉底问:"如果一个孩子生病需要吃药,可是孩子又嫌药太苦不肯吃,他父亲欺骗他说药很好吃,哄他吃了,孩子很快恢复了健康。父亲这种行为是善行还是恶行?"

尤苏戴莫斯回答道:"是善行。"

苏格拉底问:"如果有人发现他的朋友绝望得想自杀,就偷走了朋友藏在枕头底下的刀,这是善行还是恶行?"

尤苏戴莫斯回答道:"是善行。"

苏格拉底问:"你刚才说对待敌人,即便是欺骗、奴役、偷盗也不是恶行,只有对自己人才是恶行。那现在这几种情况都是对自己人,你怎么认为它们都是善行了呢?"

尤苏戴莫斯回答道:"哎呀,我已经不知道什么是善行,什么是恶行了。"

于是,苏格拉底说:"善行、恶行在不同的语境里有不同的含义,任何概念都不是一成不变的,只有通过学习,提高自己的判断能力,才能对此做出准确的判断。"

在对话中,苏格拉底采取的就是"请君入瓮"的方式,设个圈套让尤苏戴莫斯往里钻。他首先提出问题,让对方回答,然后不断从不同方面对对方答案中的疏漏之处进行攻击,使对方陷入矛盾之中,同时他在问答中逐步启发对方思考、认识问题,最后引导其掌握明晰的概念,从而达到教育目的。通过这场对话,尤苏戴莫斯明白了如何区别善行和恶行,相信他这辈子都不会忘记老师给他上的这堂课。

若清开了一家服装店,生意一直都很好,但是营业税却迟迟不交。眼看春节将至,旺季到来,若清服装店的营业额不断攀升,但是,税务机关要求他补交税款,他都坚持说自己生意不好,始终不肯说出实际营业额。

这天,来了一个新的税务征收员。若清看着他来,不慌不忙,心想:只要我不说出自己的营业额,你就拿我没办法,换多少人都一样。

但是,这个新的征收员似乎不是来收税的。他一进来便开始客气地自我介绍说:"我叫小伟,最近有笔大生意,你做不做?"

若清一听来了精神:"生意人哪有有钱不赚的道理!"

小伟看了他一眼,不紧不慢地说:"一批羽绒服,300件。"

"这春节就要来了,正是羽绒服的旺季。什么价?"

"200元一件,如果全要,还有优惠。"说到这里,小伟故意叹了口气,"唉,可惜你也消化不了这么多货。"

若清一听急了:"笑话!你再有300件我也消化得了!"

"真的?我可提醒你:老规矩,货款必须在两个月内结清。"

"你可别小看人!不要两个月我就能全卖掉!"

小伟故作惊讶:"这可是6万多元啊!"

"这算什么!平常我每个月都能卖上两万,更别提这旺季了!"

小伟露出了得意的笑容:"既然这样,那你先把今年漏的税补齐了再说吧!"

若清只能乖乖地交税了。

很多时候,要想通过沟通达到自己的目的,就必须讲究一些策略和技巧。尤其是对于那些故意刁难我们的人,可以巧妙地设下一些"圈套",请君入瓮,诱导对方说出我们想说的话,然后再借题发挥,最终达到目的。

"请君入瓮"虽然是一个有效的说话技巧,但是如果用不在"点"上,不但无法"请君入瓮",还有可能失去对方的信任,那你再说什么都会于事无补。因此,任何技巧都必须在实践中根据不同的对象和环境,合理、恰当地使用。

精进技巧

要想把"请君入瓮"的技巧巧妙地用在自己平常的说话中,又不留任何痕迹,不让对方过早地察觉和产生反感,前提必须是充分了解对方的需求和心理。在对方最在乎的地方设下"圈套",才能够让对方不知不觉地被"套"进去。

循循善诱，"曲线救国"有奇效

诱导是沟通中最有效也最有人情味的交谈方式，它通过建立一条畅通的交谈渠道，帮你拉近与他人的距离。通过诱导的交谈方式，可以委婉地把自己的请求传达给能够帮助你的人，从而不声不响地达成你的目的，使你在寻求帮助时获取最大的实惠。

"球王"贝利，是20世纪最伟大的足球明星之一，是足球史上一位难得的天才型球员，他儿时就已经显示出踢球的天赋。

有一次，小贝利参加完足球比赛后，队员们一边坐在草场边缘休息一边聊踢球过程中发生的种种事情。这时，有一位队友从包中拿出一盒香烟，分发给周围的同伴，小贝利也得到一支。这以前，他从未抽过烟。在队友的鼓动下，小贝利便叼起香烟抽了起来。不巧的是，这一幕恰好被赶来看望他的父亲看到。与此同时，小贝利也发现了父亲，赶紧把手中的香烟掐灭，扔到一边，装出一副什么也没有发生的模样。

回到家后，父亲和蔼地问："今天你抽烟了，对吗？"

小贝利没有说话，只是摇了摇头，表示自己没有抽烟。父亲用手拂去小贝利头上的草屑，说："你不要狡辩了，我都看见了。"

小贝利见无法瞒过父亲，就耷拉着脑袋说："是的。"然后，他做好了被父亲训斥的准备。

然而，让小贝利没有想到的是，父亲没有这么做。他在小贝利身边踱了一会儿步，说："孩子，你在足球方面的确很有天赋，这一点我从来就没有怀疑过，如果你勤学苦练的话，将来肯定会出人头地。不过，你不要忘了，想成为一名优秀的运动员，必须要有强健的体魄，而抽烟对健康有很大的危害。今天你抽了你人生中的第一根烟，明天你可能就会抽第二根、第三根……长期下去，抽烟非但不能帮助你提高球技，反而会影响你的健康，长期下去，你就无法从事你喜爱的足球运动了。"

父亲停顿了一下，见小贝利没有出声，继续说道："作为你的父亲，在你成长的过程中，引导你向正确的方向发展是我义不容辞的责任。对于你抽烟这种不良行为，我会坚决予以阻止。至于我的阻止是否能够取得效果，决定权在你手上，也就是说向好的方向发展还是向坏的方向发展，由你自己来决定，而我的阻止是没有办法剥夺你的决定权的。"

说到这里，父亲又停了一会儿，看了看面前的小贝利，喝一口茶后，说："你究竟是想让烟继续摧毁你的健康呢，还是想成为一位奔跑在赛场上的优秀运动员呢？现在你有自己的判断能力，希望你能给自己做出一个明智的决定。"

说到这里，父亲从干瘪的口袋内摸出一张钞票，递给小贝利，说："如果你想放弃你热爱的足球运动，不想日后奔跑在绿茵赛场上，坚决抽烟的话，作为父亲，我尊重你的选择，这是给你的第一笔抽烟费。"父亲说完，把钞票硬塞到小贝利手中。

小贝利握着父亲给的钱，回味着父亲刚才讲的话，为自己的抽烟行为感到非常后悔。一阵反思后，他拿着钱走向在屋外干活的父亲，说："爸爸，我错了，我想成为一名出色的运动员，以后再也不抽烟了。"从那以后，贝利再也没有抽过烟，同时训练也更加刻苦了，终于成为一代球王。

对于一个孩子而言，如果直接进行批评，可能会产生逆反心理，所以贝利的父亲采用了循循善诱、晓以利害的方式。他给小贝利分析抽烟的坏处，让他知道抽烟对身体危害很大，会直接影响将来他在足球上的发展，从而达到了让小贝利戒烟的目的。

诱导就是有次序、有耐心地诱发对方思考，心平气和，步步引导，耐心商讨，这种方式易于让别人接受，并让他们"心中点头"。

诱导的关键在于"诱"字，立足在"导"字。要想"诱"得巧妙，"导"得自然，就必须注意以下几点：

1.要表现出自己的真诚

要想使让他人对你心服口服，你就需要以诚待人，真诚开导，对对方不讽刺、不挖苦，表达出自己的诚意，使对方在接受说服的过程中存在一个认识的过程，让他们的感情得到缓冲，接受新的认知。

2.要以对方认可为中心

在采用诱导方式的过程中，要有一个明确的目的，让所有诱导的话有的放矢，所有的诱导内容都要紧紧地为这个目的服务，否则诱导就会显得杂乱无章，还可能会严重跑题，这样肯定达不到效果。

3.有步骤地进行诱导

诱导就如同设计一座高楼，既要有一个整体的蓝图，又要有具体的步骤。每一步怎样诱导、怎样发问，事前都要经过认真思考，做到胸有成"话"。只有这样才能做到环环相扣，步步深入，诱使对方在无法解决的矛盾面前自我否定。

4.有预料地进行诱导

在诱导之前要考虑到对方会怎样讲，怎样随机应变，这样才能使自己的诱导不会变成"哑炮"，才能不一个人唱独角戏。要使自己的诱导引出对方的话，开启其思路，就要做通盘打算。

新转入某班的方方同学，做作业马虎、潦草。老师把他叫到办公室，拿出一本字迹工整的作业递给他说："你看这位同学的作业写得怎么样？"方方看了一眼，没说什么。老师又拿出一本字迹潦草、错误较多的作业给他看，并说道："你看这本作业怎么样？"方方看了一眼，说："跟我的作业差不多。"

"你再看看这两个作业本上的名字。"老师温和地说。这一回，方方疑惑了："都是李林的？"老师抓住时机，耐心地说："差的一本是李林同学去年的作业，这一本是他现在的作业。你现在的作业和李林同学去年的作业差不多，但这不能说明你永远是这样。李林同学经过半年的努力，能写出工整漂亮的作业，老师相信你一定会像李林一样，用不了多长时间就能将作业写好。"

老师这段谈话，言此意彼，既维护了学生的自尊，又起到了指出其不足，达到了勉励其进步的目的。方方的老师已经预测出他的每一句问话方方会怎样去回答，然后他根据方方的回答顺势劝导，起到了较好的效果。

精进技巧

使用诱导说话技巧时，要充分了解对方。面对难以接近的人，你要有逢山开道、遇水搭桥的觉悟；面对城府很深的人，你就先投石问路，摸清对方的底细；面对戒备心很强的人，你要善于"顾左右而言他"，通过引导让事情向你预期的方向发展。

第三章 chapter

理由再充分，不如唤醒对方柔软的内心

生活中，我们需要说服的对象有很多，可能是你的亲人、朋友，也可能是你的上司、顾客、面试官……我们随时可能遇到要说服别人的情况。假如不掌握一些说服技巧，就很难说服对方；一旦掌握了说服技巧，任何事情便可迎刃而解。

深入了解对方，找出说服的突破口

19世纪中期，美国林肯政府决定开展一项巨大的工程——修建横贯东西的大陆铁路。卡耐基得知这个消息后十分高兴，立刻考虑要如何取得铁路承建权。当然，竞争的人很多，而最大的竞争对手无疑是历史悠久、资本雄厚的普鲁曼公司。卡耐基想，如果与普鲁曼公司直接竞争，自己的胜算并不大，即使成功了，也会因为激烈的竞争使承包的价格大大降低，这样无论谁胜谁负，都得不到太多的好处。思前想后，他决定去普鲁曼公司找负责人布鲁曼先生聊一聊。

见到布鲁曼之后，卡耐基真诚地说道："布鲁曼先生您好！我是卡耐基，现在我正在跟你竞争铁路的承建权。"

布鲁曼见到卡耐基这么坦诚，也说道："是的，我们是竞争关系，而且我认为你是我们最大的竞争对手。"

卡耐基笑道："不瞒您说，我也认为您是我们最大的对手。如果我们硬碰硬，无论谁胜谁负，都会大伤元气。"

布鲁曼高傲地说道："的确是这样，你最好退出竞争，当然我会在其他业务上给你进行适当的补偿。"

"我非常感谢您的关心，也十分愿意接受。但是，我退出后，还是会有别的公司与您竞争，而您的胜算也并非百分之百吧？"卡耐基的话软中带硬，

"所以我有一个提议，我们谁都不用退出竞争，相反，我们要联合起来。凭我们两家公司的实力，我相信这场竞争的最终胜出者一定是我们。这样我们可以向铁路公司索取最高利润。"卡耐基的一番话让布鲁曼动摇了，他当即表示："嗯，这个想法不错，可是要怎么着手呢？"

卡耐基回答道："我们可以联合成立一家新的公司，就叫'布鲁曼豪华客车公司'。"

布鲁曼听到新公司的名字是以自己的名字命名，心里很高兴，同时又想到这样的一家新公司可以取得巨大工程的承建权，获得巨额利润，何乐而不为呢？于是他接受了卡耐基的建议。

后来，他们以新公司的名义如愿以偿地取得了承建权。在这项工程中，卡耐基出资少，只获得了部分利润，但比起要通过激烈竞争和降价而得的利润还是要大很多。

卡耐基的聪明之处在于，他懂得说服布鲁曼退出竞争并不是最终目的，为自己争取最大利润才是主要的目标。那么如何为自己争取最大利润呢？那就是说服布鲁曼同意自己的建议——建立一家新公司。只有站在布鲁曼的立场上，想象布鲁曼可以从这家新公司得到什么好处，才有可能打动布鲁曼。卡耐基以布鲁曼的名字命名新公司，满足了布鲁曼对名的需要；又以取得铁路承建权，满足了布鲁曼对利的追求。名和利都有了，布鲁曼又如何能拒绝呢？

你要想成功地说服对方，最重要的不是技巧，而是取决于你能否正中人心。了解人心不是一件容易的事情，通常可以从一些基本方面着手。

1.了解对方的长处

一个人的长处就是他最熟悉、最了解的领域。如有人对部队生活比较熟悉，有人对农村生活比较熟悉，有人擅长文艺，有人擅长体育，有人擅长交际，有人擅长计算等。在说服人的时候，要从对方的长处入手，这样才能和他谈到一起去。在他所擅长的领域里，谈论起来他容易理解，因此容易说服他。如对于一个伶牙俐齿、善于交际的人，在分配他做推销工作时可以说："你在这方面比别人更有才能，这是发挥你潜在能力的一个最好机会。"这样谈既有理有据，又能表现出对他的信任，还能激发他对新工作的兴趣。

2.了解对方的兴趣

有人喜欢绘画，有人喜欢音乐，有人喜欢读书，还有人喜欢下棋、养鸟、集邮、书法、写作等，人人都喜欢谈论其最感兴趣的事物。从这里入手，打开他的"话匣子"，再对他进行说服，便较容易达到说服的目的。

3.了解对方的想法

一个人坚持一种想法，绝不是偶然的，他必定有自己的理由，而且他讲的道理一般都符合他的利益。有时这也许不是他想要坚持的，只是不愿承认，难于启齿罢了。如果说服者能真正了解他的"苦衷"，就能有针对性地加以解决。

4.了解对方的情绪

一般而言，影响对方情绪的因素有三个方面：一是说服前对方因其他事所造成的心绪仍在起作用；二是说服时对方的注意力还未集中起来；三是对说服者的看法和态度。因此，在开始说服对方之前，要设法了解他当时的思想动态和情绪，这对说服的成败至关重要。

> **精进技巧**
>
> 当一个人形成自己的想法和决定之后，要使其发生改变并不是一件容易的事。在一定程度上，这也许有一种胜负之心在作祟，似乎一旦被别人说服，就像是认输了一样。因此，这个时候就需要你深入了解对方，抓住对方的软肋。

用你的热情赢得他人的认可

有一个推销新式柴灶的推销员，他不但详细地向农民解释使用新灶的好处，而且说干就干，脱掉外衣，拿出工具，挥汗如雨地给农民改灶。本来还犹犹豫豫的农民深受感动，不仅当即就用新灶煮饭请推销员尝个鲜，还主动帮助这位推销员向左邻右舍介绍新式炉灶的优越性。

没有热情，是很难完成说服工作的。记住，在说服他人的过程中，我们要用热情来打动他们。当感动充溢于他们胸中的时候，他们会真正地打开心门，改变自己的态度。这样，我们的说服目的就容易达到了。

在一个镇上有两家卖豆腐的：老王家和老李家。两家的豆腐的质量差不多，分量也都很足，但奇怪的是，生意的红火程度却大不相同，老王的生意明显要比老李的好得多。为什么同样的豆腐，同样的分量，生意上会有这么大的差别呢？

原来，同样是卖豆腐，老王在给顾客称豆腐的时候总会顺便多说一句话。比如张大娘来买豆腐，他会热情地问候："大娘，最近身体还好吧？"如果是家中有孩子的人过来买豆腐，他就会问："孩子还听话吧，最近学习怎么样呀？"

刚开始的时候，大家对这种热情的问候并不是多么在意，但是时间久了，大家开始把老王当成了朋友，不由自主地照顾起他的生意。

热情能使说服获得成功，因为人都是有情感的，当我们"热"起来的时候,也会感染对方,使对方的情绪也"热"起来。

热情的人无疑是世界上最有效率的说服者。当你坚定地相信并热爱自己确信的事物时,你所有的精神动力会产生超乎想象的力量。当人们接近热情的人时,他们知道这个人不同寻常,并会报以令人兴奋的回应。

如果你开始对别人感兴趣,那么你在两个月内找到的朋友会比你花两年的时间找到的多得多。

那么,在说服的过程中,具体怎么表达你的热情呢?对待我们周围的人,不妨设法了解并且记住他们的名字。某一天在路上相遇的时候,热情地叫出对方的名字,打一声招呼,这样或许就会产生意想不到的效果。

或许在某个时段,热情起到的作用并不是多么明显,看不见也摸不着,但是它那相当大的感染力会在后来慢慢展露出来。

充满热情的人,说出来的必定是令人振奋的话语。和这样的人谈话,会在不知不觉间被同化。相反,一个没有热情的人,会让沉闷的情绪充斥在周围的空气里,这样的人哪怕说的是苦口婆心的话,我们也不太愿意听。要是你没有能力,却有热情,你还是可以使有才能的人聚集到你身边来。假如你没有资金或设备,但你有热情说服别人,仍然会有人助力你的梦想。

需要特别提醒你,想让人感受到你的热情,在与人说话的时候就一定要投入。有不少人虽然表面上会和别人打招呼,但是总给人一种隔阂感。这样的话,别人很难接受你。

对了,释放你的热情时,千万不要忘掉微笑。真诚的微笑是热情的催化剂。

吕先生是一个表情严肃的人,即使在家里也很少笑,这让人觉得他的生活很苦闷。后来在一次培训中,他被要求以微笑的经验发表一段演讲。这次尝试改变了他。此后他开始学习微笑。他对电梯管理员微笑着说"早安",对门口的警卫微笑着打招呼,对那些以前从没见过他微笑的人微笑。

很快，吕先生发现每一个人也对他报以微笑。他微笑着面对那些满腹牢骚的人。他一边听他们发牢骚，一边微笑着，问题很快就被解决了。他惊讶地发现，自己还因此得到了更多的收入。

回家后，和妻子交谈，和孩子说话，吕先生始终保持着柔和的微笑，沉闷的家突然被一种温馨的气氛笼罩。对于这一切的改变，吕先生觉得不可思议，但它确实发生了。

心理学研究表明，微笑与人的形象有着奇妙的关系。虽然微笑是一种面部表情，却反映了人的精神状态和生活态度。在现实生活中，微笑是人际交往的润滑剂，能帮助人们驱散心头的烦恼，消除人与人之间的隔阂，让你的话语更具有感染力。

微笑与热情是相伴而生的，即便你的内心如地壳中的岩浆一般沸腾，可若是脸上没有微笑，就会让人有隔阂感。灿烂的笑容，会让人更加真切地感受你的热情。

精进技巧

> 对别人多一分关心，多一分热情，将会极大地提升你的社交质量。大多数人是喜欢与热情之人打交道的。无论如何，热情一点儿总是好的。每天早上起来，见到别人问一声好；每天晚上睡觉前，跟你的家人说声"晚安"。这些细节，将彻底改变你在他人眼中不好的形象。

巧用故事攻破对方的心理防线

有人曾做过实验，在同样的条件下进行相同的说服活动，其中一组不使用任何技巧，另外一组则加入故事元素。结果，加入故事元素的小组的说服效果要远大于不加故事的小组。

于丹在讲到自己的书如何让国外的读者接受时，说："故事永远比道理容易传播。我们的幼年、童年都是喜欢听大人讲故事的，长大以后照样喜欢听故事。所以，你用故事去传递道理，它就变成了道理的载体。如果你没有载体，仅仅讲道理，谁都拒绝说教。"可见，"讲故事"是"讲道理"的好途径。

在运用故事进行说服时，一定要使所讲的故事与所阐述的道理发生必然联系，并且给予一定的寓意，才有可能达到目的。通过讲故事说服对方的优势主要有以下两点：

1.比直接说更有说服力

所谓"当局者迷，旁观者清"，很多时候，如果接受劝解的人处于懵懂和迷惑之中，我们有针对性地利用一些富于哲理的小故事，来暗示自己的某种用意，就可能在听者的心灵中撒播下一片阳光，从而成功地说服对方。

三国时的刘备有位甘夫人，天生丽质。刘备非常喜欢她，每天花很多时间陪伴她。后来，有个人献给刘备一个精巧的玉人，高三尺，栩栩如生，光彩照人。刘备爱不释手，便把玉人放在了甘夫人的房间里。

刘备占据蜀地之后，渐渐玩物丧志，常常一边抱着甘夫人，一边搂着玉人。甘夫人看了很着急，她想劝刘备不要玩物丧志，但是怕刘备不高兴，于是甘夫人以"子罕不以玉为宝"的典故劝说刘备："古代宋人得到一块玉石，献给宋国的正卿子罕：'这块玉长得像一个人，是一块稀世之宝，所以我把它奉献给您。'可是子罕连看都不看一眼，他说：'我平生从来不贪那些宝贵的东西，如果你将玉赠送给了我，那么，你丢掉了宝玉，我却丢掉了廉洁。'这个故事，在春秋时代传为佳话。"

紧接着，甘夫人话锋一转，说到正题："现在魏国、东吴都未消灭，陛下你却以一块玉石玩于股掌，凡是淫惑必生变，千万不可长此以往啊！"

这时，刘备才恍然大悟，立即下定决心，撤玉人，拒小人，致力于实现囊括四海、复兴汉室的宏愿。

甘夫人借用"子罕不以玉为宝"的典故，委婉地传达了自己的看法，暗示一种告诫之意，这比直接劝告刘备有用多了。

2.比命令更有说服力

上汽集团原总裁胡茂元是一位讲故事的高手，他常常会在各种场合，针对各种问题讲故事。有人称赞胡茂元所讲的故事是一部具有丰富内涵的"工作哲理大典"。

有一次，针对用户满意工程，胡茂元讲了一个美国通用汽车的故事：

有一天，一名顾客写信给美国通用汽车公司，抱怨说："我习惯每天在饭后吃冰激凌。最近刚买了一部新的庞蒂克，每次只要我买的冰激凌是香草口味的，从店里出来后车子就发动不着；但如果买的是其他口味，车子发动就很顺利。"

公司立刻派一位工程师去查看究竟，发现事实确实如顾客所说。这位工程师当然不相信这辆车子对香草过敏。他经过深入了解后得出结论：这位车主买香草冰激凌所花的时间比其他口味的要少。

工程师深入调查发现，问题出在"蒸汽锁"上。当这位车主买其他口味的冰激凌时，由于时间较长，引擎有足够的时间散热，重新发动时就没有太大的问题。买香草冰激凌时，由于花的时间短，引擎还无法让"蒸汽锁"有足够的散热时间。

一个看似没有任何联系的问题，却让工程师发现了汽车部件的缺陷，便于改善产品。胡茂元的这个故事生动有趣，旨在告诉员工只有用心才能让顾客满意，远比生硬枯燥地命令员工要用心工作的效果好得多。

精进技巧

大道理谁都会说上几句，但有几个人会耐心地听下去呢？说话高手在说服他人时，通常不会干巴巴地摆道理，而是讲故事。讲故事是说服别人的最好方式之一。通过讲故事，可以将你的理念传达给对方，并且影响对方，一举攻破对方的心理防线。

理由充分，说出的话才有分量

说话要有证据，这是尽人皆知的常识。要说服对方接受自己的想法或观点，首先要证明自己的观点是正确的。哪怕你的观点根本站不住脚，行动之前也必须给自己找一个充足的理由。

在《伊索寓言》中，有个尽人皆知的《狼和小羊》的故事：

狼看见小羊在河边喝水，想找个冠冕堂皇的借口吃掉它。它首先责备小羊把水搅浑了，使它喝不到清水。小羊说："我是在离大王一百步的下游……不可能把上游的水弄浑。"

狼无奈，撇开这个借口，又说小羊："你去年骂过我的爸爸……唷，我想起来了，两年以前，我走过的时候，就是你站在这儿说的。伙计，我可忘不了，忘不了！"

"可是，大王，我那时还不满一岁呢！"不幸的小羊答道。

"那么，一定是你的哥哥。"

"我没有哥哥，大王。"

"哦，那就一定是你的朋友什么的，再不然就是你的亲属。可不是吗？凡是你们羊类，还有你们的猎狗和你们的牧人，都想谋害我，老是想找机会害死我。为了这些个损害，我就要跟你算账！"

"可是我呢，我哪儿得罪了你？"

"别废话！你讲了一整天的话了。你以为我有工夫来细数你的罪状，小畜生？你的罪状就在这里：我要把你吃掉！"

于是，狼就把小羊拖到树林深处去了。

在这个故事中，狼为了吃掉小羊，编造出各种各样的"事实"来当理由。虽然被小羊一一反驳，但狼还是通过自己编造的"理由"心安理得地把小羊给吃了。

其实，即使有了真正的理由，也未必就能具有无可辩驳的力量，比如以片面的、不充足的理由进行证明，就是"以偏概全"的一种表现。

一个英国人在加来登第一次踏上法国领土，他见到了两个长着红头发的法国人，因此下结论说："原来法国人都长着红头发。"

这个英国人由于生活环境、阅历的局限，不知山外有山，孤陋寡闻，只根据自己的狭隘偏见和一知半解就做出了一般性结论。对于这种错误，只要将其他与此不同的事实揭示出来，就可以达到纠正、反驳的目的。

在美国进行的一次大选中，有位共和党议员发表了攻击民主党的演说。他说："在威尔逊的领导下，我们走进了第一次世界大战；在罗斯福执政时期，我们卷入了第二次世界大战的旋涡。而杜鲁门呢？朝鲜之战！约翰逊呢？越南之战！"

这位议员所举的事实都是有目共睹的。威尔逊、罗斯福、杜鲁门、约翰逊都是民主党人，在他们当政期间确实使美国经历了战争之苦，但这一切并不能证明他的论题"民主党人执政会引导我们走向战争"。因为这些事实是片面的，还有民主党人执政时未发生战争的事实。这位议员的立论是以偏概全，不能成立。

某洗浴中心服务员马小姐在整理房间时，意外拾到顾客遗失的戒指。她想据为己有，不料被巡视的李经理发现了。

李经理让马小姐上交，可她却理直气壮地说："戒指是我拾的，又不是偷的，更不是抢的，不上交也不犯法！"

李经理见马小姐态度坚决，便说："小马，你能给我解释一下什么叫'不劳而获'吗？"

马小姐噘着嘴，脱口而出说出"不知道"三个字。

李经理耐心地说："简单地说，'不劳而获'就是没有经过劳动而占有别人的劳动果实。"

马小姐有些不耐烦了，说："请你不要给我咬文嚼字了，我还要继续整理房间呢！"说完，她不再理会李经理，继续忙手中的活计。

见此情景，李经理非但没有生气，反而变得更加耐心，她一边帮马小姐整理房间一边问："抢别人的东西，你觉得是不是'不劳而获'呢？"

马小姐迟疑一下，说："那肯定是呀。"

李经理接着又问："偷别人的东西，是不是'不劳而获'呢？"

"当然也是。"

"那么，拾到别人的东西据为己有是不是'不劳而获'呢？"

"这，这……"马小姐语塞。

李经理顺势教育道："拾到别人的东西据为己有，与偷、抢东西，在'不劳而获'这一点上是相通的。除了国家法律，我们还应有一定的社会公德，再说我们也有工作守则，拾到顾客遗失的物品要交还，你可不能犯糊涂啊！"

经过李经理的教育，马小姐终于认识到自己的错误，把戒指交了出来。

李经理在说服马小姐的过程中，避开了马小姐的歪理，通过循序渐进的方式说出让她交出戒指的理由。这里，李经理的理由就是"不劳而获"这个论题，她让马小姐认识到问题的严重性，即拾到东西占为己有，同偷、抢一样是

"不劳而获",是同样可耻的行为。通过一番深入浅出的交谈,马小姐受到了教育,打消了错误的念头。

> **精进技巧**
>
> 要想说服对方,一定要理由充分,让对方无可辩驳。切莫"以偏概全",使用他人之言,特别是权威之言,不失为一种论证的好方法。但是,他人之言往往受某一特定环境局限。所以,要根据实际情况和说服的进度,进行合理使用,才能达到效果。

迂回说服，最终达到我们想要的目的

在说服他人的过程中，有些话不能直接说，即便说了也不一定能够达到目的，极有可能会引起对方的反感。这个时候，最适于使用迂回说服的方法。

战国时期，墨子听说公输般给楚国制造了攻城用的云梯并去攻打宋国的消息，就急忙从鲁国动身，日夜兼程、风尘仆仆地赶到了郢都。他打算通过劝说公输般，停止这场战争。尽管公输般不高兴，墨子还是巧妙地设喻来劝说，并从道义上说服了公输般。可是公输般因为已答应了楚王，所以无法停止攻宋。

于是，墨子就去拜见楚王说："有这样一个人，放着自己彩饰的漂亮车子不坐，看见邻居家有辆破车就想去偷；放着自己绣花绸缎的衣裳不穿，看见邻居家有件粗布短袄就想去偷；放着自己的白米肥肉不吃，看见邻居有点糟糠就想去偷。大王您说这个人是怎么回事呀？"楚王笑着说："他一定是害了偷窃病了。"

墨子又说："楚国有方圆5000里的土地，宋国只有500里，这就好像彩饰的漂亮车子同破车相比。楚国有云梦这样的好地方，里面有数不尽的珍奇，长江、汉水里的鱼、鳖、鼋、鼍多得天下无比，而宋国却穷得连野鸡、兔子、鲫鱼都没有，这就好像白米肥肉同糟糠相比。楚国有高大名贵的木材，宋国却没有什么大树，这就如同绣花绸缎的衣裳和粗布短袄一样。所以，我认为大王要攻打宋国，正如这个害偷窃病的人一样。"后来楚王放弃了攻打宋国的打算。

墨子用恰切的比喻，巧妙而尖锐地指责了楚王攻宋的可耻、可笑，以迂回的说服方法制止了这场战争，达到了阻止楚国攻打宋国的目的，实现了他"非攻"的主张。

美国一家公司想与印度军方谈一笔军火生意，但是数次谈判都没有成功。美方派出了公司的"金牌推销员"。

推销员到了印度之后，首先给印度军方的一位长官打电话。对于对方冷漠的态度，他毫不在意，只是说："我对将军十分仰慕，所以将专程到新德里拜访阁下。只要将军能给我一分钟的时间，我就心满意足了。"对方心想一分钟倒也无所谓，于是便勉强同意了他的请求。

没想到双方一见面，对方便给他来了个下马威："我很忙，没有时间听你推销。"

推销员似乎并不在意对方的冷若冰霜，而是非常诚恳地说："其实，我今天来是专程来感谢将军的。"

"感谢我？"对方有些愣住了。

"是的，若不是将军的强硬拒绝，公司也不会派我来到印度，而我也就不会有这样一个幸运的机会，让我时隔30多年后，又回到我的出生地。"

"出生地？这么说你是在印度出生的？"对方的好奇心被吊起来了。

"是的，"推销员微笑着说，"42年前，我出生在印度的新德里，那时我父亲是美国钢铁公司驻印度的代表。可以说，我的童年是在大象的背上度过的，而印度便是我的第二故乡。"

听着推销员满含深情的回忆，对方的脸上也渐渐露出了微笑。捕捉到这一表情后，推销员又不失时机地从口袋里拿出一张照片，递给对方："您看到这照片上的老人了吗？"

"这不是我们印度的圣雄甘地吗？"将军叫了起来。他好奇地问："和他在一起的这个孩子是谁？"

"那就是我啊！"推销员自豪地回答，"那时我才4岁。这张照片一直是我们家最珍贵的礼物。这次我来印度，还要代表全家拜谒圣雄甘地的陵墓。"

"您和您的家人对于圣雄甘地和印度人民的友好感情令我感动，"对方主动伸出手来，紧紧握住了推销员的手，"请允许我有这个荣幸邀您共进晚餐，表示对您和您家人的感谢！"

结果毋庸置疑，晚餐结束时，对方便在合同上爽快地签下了自己的名字。

这个推销员真不愧为"金牌推销员"，他那高超的说服技巧令人叹为观止。其实他并非出生于印度，那张照片也是合成的，但这又有什么关系呢？重要的是他成功地说服了对方，完成了自己的使命。而他之所以成功，最大诀窍就在于他并没有卖弄他那三寸不烂之舌，而是迂回曲折，巧妙地激发了对方的兴趣，从而诱导对方一步步走进了他的"圈套"。而这，正是他最令人叹服的高明之处。

精进技巧

迂回说服表面上看似与真实意图无关，实际上是围绕真实意图绕了一个弯子而已，这样做更能够迷惑对方，让对方在不知不觉中进入我们设计好的"圈套"，从而达到说服的目的。要想使用迂回的方法说服对方，应事先准备好方案，然后层层递进，稳步到达意图的核心。

善于打比方,让你的话更有说服力

会说话的人一定善于打比方,能用最少的语言说出最深刻的道理,用简单的事物描述最复杂的事物,用最委婉动人的方式说服对方。

中国外交家王宠惠有一次在伦敦参加一个宴会。席间有位英国贵妇人问王宠惠:"听说贵国的男女都是凭媒妁之言,双方没经过恋爱就结成夫妻,那多不对劲啊!而我们,都是经过长期的恋爱,彼此有深刻的了解后才结婚,这样多么美满!"

王宠惠笑着回答:"这好比两壶水,我们的一壶是冷水,放在炉子上逐渐热起来,到后来沸腾了,所以中国夫妻间的感情,起初很冷淡,而后慢慢就好起来。而你们就像一壶沸腾的水,结婚后就逐渐冷却下来,听说英国的离婚案件比较多,莫非就是这个原因吗?"

王宠惠巧妙地用打比方的方法驳回了英国贵妇人的"挑衅"。在说话的技巧中,打比方是一种非常常见的方法。它往往是用人们比较熟悉、具体的事物来描述、解释人们不熟悉、较为抽象的问题,使复杂的问题变得简单,使枯燥乏味的问题变得生动有趣,减少理解的障碍,增加说服力。就像王宠惠把婚姻比作一壶水,把东西方对待婚姻问题的差异比作一壶冷水慢慢加热和一壶热水慢慢冷却,非常形象具体,让人很容易就看出其中的差异、优劣,不需要再说什么大道理，就让对方心服口服，无言以对。所以，当你想表达某一事物或道理时，运用联想或想象，用另一个更容易理解的事物或道理来说明，往往能把道理说得更具体、更贴切、更生动、更富有感染力，从而使对方听得更明白，甚至留下深刻的印象。

有一次，庄子穷到了揭不开锅的地步，只好硬着头皮去监理河道的官吏家借粮。监河侯看见庄子上门求助，于是很爽快地答应借粮。他说："可以，等我收到租税后，就立刻借给你300两银子。"

庄子听完后很生气，他愤然对监河侯说："我在来的路上听到求救声，但环顾四周却不见人影，仔细观察，原来是一条鲫鱼躺在干涸的车辙里。"

庄子叹了口气继续说："鲫鱼见到我，以为见到了救星，立即向我求助。它说它来自东海，不幸掉进了车辙里，无力自救，眼看就要干渴而死，于是请求我给它点水，救救它。"

听到这里，监河侯问庄子是否救了鲫鱼。庄子叹息说："我答应救它，但是我说，要等我到南方去，说服吴王和越王，请他们把西江的水引到车辙里，然后把它接回东海去。"

监河侯对庄子的做法很不解，甚至觉得很荒唐："那怎么行呢？"

庄子说："是啊，鲫鱼听完我的话，很生气地说：'我现在离开了水，没有地方可以安身，需要几桶水解决目前的困境，而你却说要引西江的水来这里，全是空话，你还没到达南方，我就已经成了鱼干了。'"

监河侯这才明白庄子是在说自己，于是连忙道歉，并立即为庄子准备了一袋粮食。

庄子巧用鲫鱼自比，把自己愤怒的心情通过鲫鱼的口表达出来，并轻松地改变了监河侯的态度，从而达到了说服监河侯借给自己粮食的目的。如此精彩的比方，帮庄子解决了燃眉之急。试想一下，如果庄子在听到监河侯的话后，愤怒地指责他,或者干脆胡言乱语,随便骂他一通,庄子还能借到粮食吗?

一个简单的比方就能把复杂的道理和感情表述得生动具体,也更加具有说服力。很多时候,话说得好不好,关键就在于你如何让自己说出的话更精妙。只有让对方顺利理解你说的话,才能真正打动对方,说服对方。否则,再多的道理和表述都是无用的。

那么,怎样才能在谈话中巧妙地打比方,让自己的话听起来"言之有理"呢?

首先,打比方的两者必须是完全不同但又有相似之处的两种事物。比如说,你在表达爱意的时候,说"我爱你,就像张三爱李四"远不如"我爱你,就像老鼠爱大米"。

其次,用来打比方的对象一定要生动具体,而且要与对方的生活非常贴近,使对方很容易理解和接受。如果你和一个从来没有见过沙漠的人说"我的前程像沙漠一样荒凉,看不到任何希望",虽然是一个很好的比喻,但是因为对方并不知道沙漠是什么样的情况,因而对他也就没有太强的说服力。

> **精进技巧**
>
> 一个简单的比方就能把复杂的道理和感情表述得生动而具体,也更加具有说服力。但是,打比方要自然亲切,越通俗易懂越好。不能为了打比方而打比方,更不能为了表现自己而矫揉造作、故弄玄虚,这样不但不会为你的语言添彩,反而会让对方反感。

站在对方的立场上说服对方

与他人交谈，有时由于产生分歧，导致聊天不能正常进行，甚至会发生不愉快或产生矛盾，这不是因为我们不够友善，也不是因为我们欠缺能力，而是因为我们不懂得站在对方的立场上去说服对方。

相反，如果懂得站在对方的立场去说话，那么我们便能成为一个言之有术的人，如此一来不仅能够避免冲突和矛盾，也有利于我们说服他人，让我们的生活多些如意，少些不如意。

夏丽上班迟到了半个小时，被罚了100元钱，心里有些郁闷。平常夏丽和申雪、孙然非常要好，下班之后，经常一起回家。这天下班后，夏丽正准备跟她们俩抱怨一下早上迟到被罚的事，申雪却先开口了："你呀，一向上班都不迟到，这次怎么搞的？下次可真要注意了，大不了早点出发，这可有损你在公司的'三好'表现啊！你看被罚多浪费呀，被罚的钱还不如请我吃东西呢！"夏丽听完，就像身上又被泼了凉水，一脸无奈。

孙然却说："迟到的滋味肯定不好受。记得我以前有一次闹钟出现问题，为赶时间上班竟忘了带与客户拟订好准备签订的合同，最后还是迟到了。结果，不但迟到被罚，还损失了一笔生意。比起我当时的情况你可幸运多了……"

夏丽顿时有种同病相怜的感觉："是呀，要是因为我们自己的原因迟到倒也认了，但是如果是因为一些意外造成了迟到，就会比较郁闷。"

孙然点点头说："嗯，是的！这也不是人为故意，说起来还真郁闷。不过想想无规矩不成方圆呀，公司管理还是要制度。这种迟到情况毕竟是少数，对于少数的特殊情况可以提前向领导请假，这样就没有那么严重了。"

夏丽高兴地点点头，而申雪看着俩人聊得高兴，自己却插不上嘴，感觉十分尴尬。

事实上，申雪和孙然说的是一个道理，那就是：在遵守公司制度的前提下，尽量不要让自己的利益受损，无论是提前出发，还是提前请假，都是为了把损失降到最低。但是，申雪的"直言不讳"完全没有达到安慰夏丽的目的，反而让夏丽更加郁闷；而孙然站在夏丽的立场上表示理解夏丽迟到的郁闷心情，随后提出建议，显然达到了提醒朋友的目的。

《杜拉拉升职记》中有这样一个片段：

公司为了迎接合作的对象准备了一场宴会，就在一切准备妥当的时候，迎接来宾的车突然出现了故障，未能及时赶到。由于时间紧迫，公司短时间内无法找到合适的车，于是就给一家租车公司打电话，结果对方知道了这个情况后，立即把价格抬高了很多。这远远超出了公司活动的预算经费，于是一群人很犯愁。

结果杜拉拉拿起电话打给这家公司，对他们说："我们公司目前只能给出这个价格，但是我们是一家大公司，以后可能有很多的合作机会。如果这一次我们合作成功的话，以后还会有很多的机会合作，这样你们的利益就会更多，这种双赢的事情，相信贵公司会接受吧。"

杜拉拉的这一番话，是站在对方的立场来说的，指出这样做对对方以后的发展很有帮助，听上去是在为对方的利益考虑，因而对方满心欢喜地按照杜拉拉给出的价格派了车。与人交流时，我们也要掌握这种"说"的智慧。

尽管我们明白在说服对方的时候，站在对方的立场说话的效果要远远好于简单地说出自己的道理，但是，要站在对方的立场说话同时又说服对方，却不是一件容易的事。那么，如何做才能行之有效呢？

1. 明确表示理解对方

这样不仅不会让对方产生反感，反而会让对方惊讶和好奇，从而创造与对方有说话的机会。

2. 站在对方的立场做分析

你之所以理解对方，是因为站在对方的立场上就应该这么做，不仅是他，如果是你，你也会这么做。这样做可以完全消除对方的戒备心，对方会因为你的理解而感动。

3. 站在对方的立场提建议

在提建议的时候，一定要在满足自己要求的基础上，提出为对方着想、对对方有好处的意见。这也就是我们常说的"双赢"。

精进技巧

站在对方的立场说话，设身处地为对方着想，往往能使我们的话说到对方心里去。或许我们并不能一开始就做得很好，但是，只要有意识地在说话中运用这种方法，不断培养自己养成这种习惯，你总有一天能成为一个开口就说漂亮话的人。

第四章

与幽默同行，既缓解气氛又受人欢迎

幽默是一种特殊的情绪表现，它是人们适应环境的工具，是人类面临困境时减轻精神压力的方法之一。俄国文学家契诃夫说过："不懂得开玩笑的人，是没有希望的人。"言语幽默容易使人产生好感。与人交谈时，如果能适时说点儿幽默话，不但能为自己解决一些不必要的麻烦，还可以塑造良好形象，活跃谈话气氛。

诙谐风趣，一出口让人跟你走

幽默是一种高级智力活动，幽默的语言如同润滑剂，能有效降低人们之间的"摩擦系数"，消灭对方的怒火，减轻对方的怒气，化解冲突和矛盾，并能使我们从容地摆脱沟通中遇到的困境。

一位演员在表演一项名为"高空踩蛋"的绝技时，一时失误将鸡蛋踩碎了，台下观众一片哗然。主持人说了一句话，让全场观众大为赞赏。他说："为了让大家目睹杂技的真实性，证实演员用的是真鸡蛋，因此他故意踩碎一枚，让大家看清楚。"

但不巧的是，主持人刚说完这句话，演员又踩碎一枚鸡蛋，台下观众抱着"有好戏看了"的神态，纷纷将目光转向了主持人，貌似在问"这下你还有什么话说"。只见主持人有些悲愤地说道："唉，太可气了，假冒伪劣产品害人不浅，屡禁不止啊，真是没想到，连母鸡都学会了。"

简单的几句话，直接将观众们的情绪引向高潮，惊艳全场的同时，让观众佩服不已。再如：

1944年3月，罗斯福再次当选美国总统。一位报社记者就罗斯福的第四次连任进行了采访。但罗斯福笑而不语，反而将自己面前的三明治推到了记者面前。记者觉得虽然总统请自己吃的不是什么大餐，但也是莫大的荣幸，于是很快就吃完了。紧接着罗斯福示意他再吃一片，于是记者又吃下一片。之后罗斯福请他吃第三片，记者有些受宠若惊，虽然已经饱了，但依然硬着头皮吃下去了。这时，罗斯福微笑着说："您的提问，我已经给出了最好的回答，想必您已经亲身感受到了。"

用这句话当作回答，具有相当的幽默感，更表现出罗斯福具有不开口则已，一开口便让对方"问无可问"的能力。这证明罗斯福是一个热爱生活的人，因为只有热爱生活的人才能在生活中发现这种既具有说服力又充满幽默感的事情。

在人际交往中，诙谐风趣的谈吐可以让你焕发出惊人的亲和力，而幽默就是亲和力的"形象大使"。那么，怎样才能算幽默呢？一直保持欢笑、滑稽、诙谐，还是在言谈之中多用比喻或夸张，抑或是"盼望预期的扑空"？

其实，这些都与幽默密切相关，但它们还是不能跟幽默等价交换的。那什么才是幽默呢？针对这个问题有人这样描述："幽默如同百慕大三角一样神秘莫测，如同蒙娜丽莎的微笑一样妙不可言，如同哥德巴赫猜想一样深奥难解。"虽然难解，但诙谐幽默往往可以让人们一开口便惊艳全场，一下子吸引所有人的目光。

国学大师林语堂曾这样说道："幽默言语不出口则已，一出口便要具备惊艳全场的效果。"

幽默可以使人们之间的关系变得融洽，化解人们之间的矛盾，人们都喜欢和有幽默感的人交往。在西方，没有幽默感的人，往往被人们认为是没魅力、愚笨的人。难怪很多人认为"男人可以承认任何罪责，但就是不能承认自己缺乏幽默感"，甚至有人这样说："如果一个人既有钱又有幽默感，那么在不能两全时，他必然会选择丢掉金钱，留下幽默感。"

幽默是一种创造性的本领，要随机应变，根据对象、环境以及当时的气氛而定，但也需注意以下技巧：

1.幽默要注意场合

幽默并不是随时随地都可以用，应该注意场合。例如，大家正在专心致志地开会，别人正在发言，你突然冒出一两句幽默的话，也许大家被你的幽默逗笑了，但正在发言的人会认为你不尊重他，对他的发言不感兴趣。

2.幽默要高雅

幽默是一种语言艺术，不是简单的逗人哈哈一笑，运用幽默语言进行表达时，不能低俗和粗鄙。

3.无须"硬"幽默

幽默不是刻意表现出来的，如果条件并不具备，你却要尽力表现出幽默，结果可能会把气氛弄得很尴尬，让自己陷入窘迫境地。

精进技巧

如果想增加自己的幽默感，就必须具备丰富的知识，并且见多识广——了解的事物多了，俏皮话便可信手拈来。有一句话叫作"世事洞明皆学问"，我们只有多了解未知事物，积累知识，扩大认知范畴，才能成为一个诙谐风趣，一开口便能惊艳全场的人。

咬文嚼字，巧说妙语有乐趣

一个人读书写作或说话时过分注意某些字词的运用，以至于达到了烦琐复杂的程度时，我们就说这个人是在"咬文嚼字"。一般来说，没有人喜欢被戴上这样一顶惹人心烦的"大帽子"。可是"咬文嚼字"还是门艺术呢！事实上，只要你"咬"得巧、"嚼"得妙，这里面能品出许多意想不到的味道来哩！

一天，儿子在外面玩耍时捡到一张旧药单，他对上面的字有所不解，便把这张旧药单带回了家，来到父亲面前，问道："爸爸，这张纸上写有'复方'和'单方'的字样，它们是什么意思呀？"

父亲当时正坐在沙发上看报纸，听到儿子的问话后，放下报纸，接过儿子手中的旧药单看了一眼。其实，这位父亲对医学常识一无所知，又不想在儿子面前丢面子，略作思考后，便说："所谓的'复方'，就是病人反复吃多遍才有效的药方；所谓的'单方'就是只吃一次，就能够治疗好病人疾病的药方。"

儿子听后，佩服得连连点头，不过接下来他又问道："爸爸，要是这个药单上既没有写'复方'又没有写'单方'，那病人怎么办呀？"

父亲抬手摸了摸儿子的脑袋，本想不回答，但看到儿子一副认真的模样，又不忍心拒绝，就说："要是药单上没写'复方'和'单方'的字样，说明不用吃药，病人的病就可以好。"

父亲的回答，与真实情况大相径庭，但不失为一种幽默。人们常说："闻道有先后，术业有专攻。"无论知识多么渊博的人，都会有不知道的事物，这是很正常的事情，可是故事里这位父亲宁可胡编乱造，歪曲事实，也要给儿子一个"解释"，替自己争一分颜面，就太不应该了。解"复方"为"反复使用的药方"，跟解"单方"为"使用一次的药方"是一个道理，说穿了就是望文生义。

课堂上，历史老师正在向学生讲授原始社会，也就是人类祖先活动的相关情况。

"1929年，在北京周口店的山洞里，我国考古工作者发现了一个完整的远古人类的头盖骨化石，这就是名震世界的"北京人"。他们生活在距今约71万年至23万年，还保留了猿的某些特征，但手脚分工明显，能制造和使用工具，会使用天然火……"

正当老师讲得津津有味时，一位同学高高举起手臂，表示自己有问题向老师提问。历史老师停下讲解，示意那位提问的同学，让他说出自己的问题。

那位同学站起来，问："'北京人'生活在那么久远的年代，那'上海人'生活的年代距今有多少万年呢？"

他的话音刚落，课堂上传出一片哄笑，老师也被搞得啼笑皆非，一时不知如何回答。

由此可见，相同的字词用于不同的语言环境时，可能包含有完全不同的意义。差之毫厘，谬以千里，相映成趣的幽默魅力就是在这种虚实真假之间的强烈对比当中自然产生的。

掌握这种咬文嚼字幽默术并不难，日常生活中大家可以信手拈来，可

"咬"可"嚼"的例子简直数不胜数,难就难在怎样去掌握好这个度。比如,应注意使用的场合,尤其是在很正规、严肃的场合中,更应慎之又慎,否则很可能会被人指责为"幽默过头""耍嘴皮子",那样也就有违于我们制造幽默的初衷了。

但愿大家都能在适当的场合中使用这种幽默术,幽默的乐趣就在一"咬"一"嚼"之间。

精进技巧

咬文嚼字幽默术是指人们在语言的应用中抓住个别字词做文章,将它们加以臆测和解释,从而引起幽默效果的幽默技巧。通常而言,可以有意识略去该字、词的本义不用,而是从其表面入手"望文生义",给它硬造出一种貌似"合理"的解释来。

字词拆合，凸显另类的幽默

语言之所以能够产生幽默，一是因为一语多义或一义多语，二是因为音同字不同或字同音不同。谙熟幽默技巧的人往往抓住语言的上述特点，或是变换场合，或是强作扭曲，引人联想，从而产生幽默诙谐的效果。而字词拆合幽默术与此有所不同，它虽然也是语言幽默的一种，但它是从语言的组合和结构特点入手，并兼用上面我们提到的语言的两个特点，以个别字、词的拆离或组合为手段造成歧义，从而造成幽默。

周总理是一位谈判大师，同时还是一位幽默的语言大师，在他的外交生涯中，将幽默发挥得淋漓尽致。建国之初，百废待兴，加之敌对势力频频给我国制造麻烦和阻碍。为了争取更多的国际生存空间，他常常会出现在谈判桌前，与对方唇枪舌剑。

谈判中，他常常将对方反驳得哑口无言，却又无可奈何。一次，一位谈判对手败下阵后，在背后恶意攻击他，说："别跟周恩来讲道理，跟他讲道理，简直就像对牛弹琴！"周总理听到后，表情自然、语气平静地说："对，牛弹琴！"

周总理运用"字词拆合"的幽默方式巧妙地反击了对方。"对牛弹琴"是一个成语，常被用来讽刺那些不讲道理的人。周总理将"对牛弹琴"拆成

"对，牛弹琴"，则表达出来另外一层意义，"对"表示肯定，"牛弹琴"指谈判对手胡言乱语。

一对夫妻因生活琐事吵架，妻子说："你有很多优点，但最大的毛病就是懒，让你干点儿活儿，总是表现出满脸痛苦的样子。你到底是懒，还是有病？如果是懒，从今天起必须分担一部分家务；如果有病，我宁愿侍候你一辈子。"

丈夫听到后，笑嘻嘻地回答出两个字——"懒病"。

丈夫不愿干家务，引得妻子满腹牢骚。看上去两人之间剑拔弩张，非大闹一场不可了，但丈夫却灵机一动，幽她一默，巧妙地化解了一场口舌之争。丈夫断章取义，从妻子所提出的前后两条"建议"中分别抽出了两个字——"懒"和"病"，使其意义与原来截然不同了。

面对妻子二者必居其一的要求，许多人为了挽回"一家之长"的面子，一定要跟妻子争个上下输赢来，但这是一种最不可取的做法。常言说得好，"家不是讲理的地方"。的确，在家庭中应该讲爱，讲夫妻之间的体贴和关心。稍微明智一些的人立即会察言观色，做出妥协，以换得夫妻感情上的融洽。但最上策则莫过于上面提到的那位丈夫了，"懒病"二字道出一种令人无可奈何的狡黠，让火冒三丈的妻子一下子火气全无了，这样不是更进一步增强了夫妻之间的友好和默契吗？上面这位丈夫采用的就是典型的字词拆合的幽默技巧。在应用中，"拆"未必一定要和"合"联系在一起进行，"一步到位"的简单的拆离同样可以起到幽默的效果。

精进技巧

字词拆合幽默术的运用是对一个人应变能力、文化素质等综合因素的考验，难度较高。冰冻三尺非一日之寒，只要我们能不断地从生活和书籍的海洋里汲取知识，就一定能在看似平淡无奇的一字一词中发掘出智慧的幽默。

简话繁说，调节谈话的气氛

简话繁说就是把一个可以简明扼要表达清楚的意思，改用繁杂冗长的方式表达，一简一繁之际，形成显明的反差，这样也就符合幽默的一般原理了。简话繁说不仅仅是一种谈话的方式，它同时也是一种常用的幽默技巧。

简话繁说并非毫无目的故作高深，劳人口舌。首先，简话繁说可能是由于说话者对于某一难以启齿的问题采取转弯抹角的办法予以解答，以避免自己难堪；第二种可能就是想针对某一事物表达自己的真实看法，但又考虑到对方难以接受，遂以繁杂的论述表达同样的意思，借以缓和语气。

简话繁说幽默术的特点在于掩饰说话内容的本来面目，待论述的"竹笋"一层层剥开以后，听话的一方才恍然大悟，从而使幽默顿生。

有个人非常喜欢下棋，简直到了痴迷的地步，可惜他棋艺不高，与人对弈，输多赢少。

有一天，他连输三局，心里非常郁闷，正独自抽烟之际，一个同事走了过来。一看他的神态，同事心里全明白了。不过这位同事没有去安慰他，反而问道："和老李下棋，成绩怎么样呀？"

这位"棋痴"明白同事话里的意思，他弹掉烟灰，轻松地回答道："第一局我走错了两步，他当时没有抓住机会，但最终他没有输；第二局我加大了进攻力度，一开始就给他来了个下马威，他的老巢差点被我端了，但最终我没有赢；第三局我有些心不在焉，想跟他和棋，但他不同意。"

其实这位"棋痴"说了一大堆，只有一个意思，那就是三盘全输了。但是他不是真言其实，也不是矢口否认事实，而是简话繁说，这样就委婉风趣地回答了对方，从而使自己摆脱了被人嘲笑的僵局。一句话分为三句话，却不显得冗赘，妙语连珠，可谓临难巧辩的一个绝招！

有位年过五旬的贵妇人，特别爱美，每天总要花大量的时间打扮自己，生怕别人说她老了。

一次，在一个聚会上，她遇到一位著名的社会活动家。两人交谈甚欢，一通天南海北的交流之后，这位贵妇人问："您能看出我有多大年纪吗？"

社会活动家是位见过大场面、经历过大世道的人，听她这么一问，心里马上就明白了。不过他没有当即说出来，而是认真地把面前的贵妇人打量一番，说："看你皓洁的牙齿，也就18岁；看你蓬松的头发，不超过19岁；看你苗条的腰身和涂满胭脂的脸蛋，顶多20多岁吧！"社会活动家详细地评论道。

贵妇人一时高兴得不知怎么办才好，于是又问道："敬爱的先生，您的眼光真是太准了，可是您能准确地说一下，我究竟像多少岁吗？"

"这太容易做到了，只要把我刚才说的三个年龄加起来就可以啦！"对方风趣地说道。

这是一个用简话繁说技巧委婉表达自己观点的例子。这里的贵妇人显然是一个极好面子的人。如果有人直来直去地告诉她真话，她要么会气个半死，要么会羞愧难当。对方抓住了她的这一心理特征，简话繁说，既不伤她颜面，又不违心阿谀，这种做法无疑是巧妙的。

> **精进技巧**
>
> 　　简话繁说并非故作高深，它是一种语言智慧，看似繁杂，实则毫不啰唆。运用这一说话技巧，需要我们在日常生活中多积累知识，多分析问题，遇事时要机灵。此外，一定要做到繁而不乱、繁而不空，这样才能够达到预期的效果。

千万别动怒，用幽默给不满戴顶皇冠

多数人在不满时会忍不住抱怨连连，可抱怨是无法说服别人的。相反，尖酸刻薄的话和过于严肃的表情会让你显得难以相处，丢掉好人缘。所以，在许多场合，当你感觉不满时，最好用幽默的方式表达情绪。

幽默的语言可以营造良好的沟通氛围，消除紧张的气氛，用一种融洽的方式消除彼此的分歧，同时还可以让对方对你出色的涵养留下深刻的印象。

某公司的小伙子非常多，可他们却没表现出跟年龄相符的工作激情，对工作缺乏热情、纪律松散、行动拖沓、精神不振、不思进取。为此，每一任总经理上任后都会狠狠地批评他们，可总不见什么效果。

一段时间之后，总公司调来了一位新的总经理。他在就职后的一次全体员工大会上，幽默地借用了孟浩然的一首诗来形容员工们的工作状态："春眠不觉晓，上班想睡觉。夜来麻将声，进出知多少！"

会议室发出了一阵哄笑，总经理也笑了。他继续说："希望大家都提起干劲儿，否则就要小心：白日依窗尽，工作泡汤流，饭碗端不住，老婆也犯愁。"

员工们你看看我，我看看你，都不好意思地笑笑，陷入了沉思。

总经理幽默风趣的语言引起被批评者内心苦涩的笑声，让他们在和谐的氛围里认识到了自己的错误,从而改正自己的不足。

幽默的谈吐方式是一种温和地发泄不满的方法,它用笑声代替批评,用诙谐化解不利局面。比起冷冰冰的批评,这种"软着陆"的方式最大可能地保全了别人的面子,也让对方更愿意接受你的想法。

苏东坡是个非常风趣的人。有一次,他应邀到一个朋友家去喝酒,同在被邀之列的还有另外一位客人。

酒桌之上,除了酒菜之外,还有一盘红烧麻雀。另一位客人毫不客气,一口气吃了三只,见盘中只剩一只时,才想起来请苏东坡也吃。苏东坡客气地回道:"还是你吃了吧,免得它们散了伙儿。"客人脸上一红,很是不好意思地挠了挠头。

幽默的人不会直接宣泄自己的怒火,而是用简洁的俏皮话或者是诙谐的双关语展示自己的良好涵养。不着痕迹地用笑声传递自己的情绪,这是非常高明的社交手段。

假如你到餐厅去吃饭,突然发现饭菜中有一条青虫,这时你会怎么做?或许会大吼大叫,要求服务员立刻退钱,并且换一桌新菜。可有的人会招来服务员,幽默地对他说:"给贵店提个小小的建议,请你们以后把菜和虫子分盘来放,这样喜欢吃虫子的人就不用在菜中苦苦寻找了,不是吗?"这样的俏皮话既可以表达自己对别人的意见,又不会令双方陷入难堪。

又比如说在电影拍摄现场,导演告诉演员:"记住下一组镜头,我们会在你身后大约50米放出一头狮子,它会朝你扑来,最后只差两步的距离险些扑到你。"演员呵呵一笑,问:"我没问题,狮子它也记住了吗?"

面对充满危险的剧情,演员自然会心生埋怨,可他没有直接抱怨,而是幽默地反问了导演,让对方在哈哈大笑之余能体会到这句话的深意,心情愉快地调整剧情。

在遇到一些让人愤怒的事情时，幽默感不强的人往往会拍案而起，或是悲天悯人、牢骚满腹。而有幽默感的人则能保持平静，委婉地表达出不满，很好地解决问题。

谁说不满一定要阴着脸，用严肃的方式表达呢？通过幽默的方式巧妙且有效地达到目的，不是更好吗？

> **精进技巧**
>
> 聪明人在表达不满时善于把幽默的话语当成武器，诙谐而不失风度、滑稽而不粗俗、精练而不烦冗。短短几句幽默的话，往往能胜过千言万语的雄辩，使别人明白你要表达的情绪和道理，并且轻易地接受它们，让你顺利地达成说服、批评的目的。

适当的调侃，瞬间改变不利局面

新生入校的第一个晚上，同宿舍的6个新生按照出生先后进行排位后，老五对老六说："你的年龄最小，是兄弟们的宝贝疙瘩，加之你又姓王，以后干脆叫你'疙瘩王'好了。"

本来是一个昵称，在老六听来很不是滋味，因为他的脸上长满青春痘。其他兄弟一看老六的脸色有些不对，不免对老五刚才的无心之言有些担心。老五也发现老六的情绪变化，马上明白自己刚才说错了话。他迅速做出反应，对着镜子说："'蜷在两腮边，依在两耳间，迷人全在一点点'，老六啊，你看，我这真是'一波未平，一波又起'啊！"

听老五这么一说，老六马上收起脸上的"乌云"，不禁哑然失笑。

老五自我纠错的能力堪称高明，当他意识到自己不小心冒犯老六后，立刻进行自我调侃，并借用余光中的诗句，点名自己脸上布满雀斑。他用"一波未平，一波又起"，既对自己脸上雀斑分布状态进行自嘲，又为自己说错话而自责。老六自然明白老五的良苦用心，也就原谅了老五，不再生气了。

可见，拿自己调侃往往能制造和谐的氛围，使自己活得轻松洒脱，使人感受到你的可爱和人情味。

当然，拿自己调侃，不是自我辱骂，也不是出自己的丑。它是一种巧妙的说话技巧，如果把握好分寸，就能在适当的时候帮你解围，让你和对方都能摆脱尴尬的境地。那么，如何才能让调侃更得体呢？

1.以调侃对调侃

一个人不仅要能调侃他人，而且要能接受他人的调侃。理解和接受他人的调侃对自己不无益处，因为任何人都处于社会关系之中。我们可以拿别人寻开心，别人当然也能拿我们寻开心，这样才能做到同他人一起欢笑。

2.把笑话和动作结合起来

在调侃术的运用中，故作蠢言还可以与故作蠢行结合起来。

一次聚会上，卓别林要了一只苍蝇拍，追打一只在他头上乱飞的苍蝇，好几下都没打着。不一会儿，一只苍蝇停在他面前了。卓别林举起了苍蝇拍，正要给它以致命的一击，忽然停住了。他仔细看了一会儿，竟然把苍蝇拍放下了。人们问他为什么不打，他耸了耸肩膀说："这不是刚才缠着我的那一只。"

卓别林的这个举动和说法，相当聪明和有趣。他不仅借此摆脱了自己打不着苍蝇的窘境，更使大家钦佩他的机智和幽默才能。这种"自我调侃""自我解脱"，需要有一种拿得起、放得下的精神。

3."大言不惭"的调侃术

自我调侃有时是把自己有限的缺点夸大到荒谬的程度，甚至明明很聪明，却装作连普通常识都没有，说出一些显而易见的蠢话来，反衬出自己在智慧、教养上的优越，而故作大言与故作蠢言一样，也都属于自我调侃的幽默法则之列。因此，在运用调侃术时，不仅仅可故作蠢言来自我调侃，也可用故作大言来自我调侃。

小健从文化宫出来时，女友已在外面等了很久。女友问他："不陪我逛街，你独自玩得怎么样？"

"非常开心！"小健眉飞色舞地说道："我先打网球，后下象棋。今天真是太爽了，我赢了象棋冠军，还赢了网球冠军。"

女友听后，有些不解，问："平时我都没见过你打网球、下象棋，难道你真的行吗？"

小健呵呵一笑，说："我和网球冠军下象棋，他输了；我和象棋冠军打网球，他输了。所以，我赢了象棋冠军和网球冠军。"

调侃术具有很强的刺激作用，像"橡皮榔头"打人，未见皮肉破裂，但能致人内伤。运用调侃术调侃别人时应慎重，一定要点到为止。

精进技巧

调侃术虽有很强的幽默功能，但也有明显的局限性，它不过是一种辅助性的表达手段，不宜到处滥用。比如，在对话答辩、座谈讨论、调查访问等场合，就不宜使用调侃术。如果不看场合、时机，随意使用，很可能会弄巧成拙。

偶尔自嘲一下,给交流加点儿料

一天,小李在微信群里聊天,因为他谈吐优雅、诙谐风趣,很快便成为群里的焦点,而且大家都十分享受跟他聊天的过程。出于好奇,一位女网友问他:"你长得一定很帅吧?"

小李回道:"不帅,非常丑,丑到了影响市容的地步,并为此还惊动了政府!"

女网友问:"比如呢?可不可以形容一下?"

小李说:"举一个事例吧,一次,我上街买东西,碰到城管,他对我说:'长得难看不是你的错,但跑出来吓人就是你不对了。以后你上街时最好戴个头盔,但我劝你还是别上街比较好,特别是最近一段时间,外国领导人要到本市游览观光,你这样的上街影响市容不说,还会吓到外国友人。所以,你还是回家休息比较好!'最后,我只好乖乖地回家待着了。"

女网友看到小李这样嘲笑自己,被逗乐了,追问道:"那你最近上街了吗?"

小李说:"有一段时间倒是可以上街自由活动,只要露面时间不长,一般也没人说我什么。但是,最近不是举办奥运会嘛,市政府为了营造和谐市容风貌,又对我下了禁足令,说我这样的丑人会影响城市和谐风貌。因此,我只能闷在家里上网，打发打发时间。"

女网友笑道："哈哈哈哈，你说话太逗了！"

很快，这位女网友就加小李为好友了。

被人问及样貌非常难回答：如果你说自己帅，那么对方就会说你自恋；如果说自己不帅，那么对方必然不会和你聊下去。小李选择了以自嘲的方式将自己描述为"丑得惊天动地"的人，并因为自己的"丑"，屡屡为自己惹来麻烦，被"限制人身自由"，引得对方大笑，并使对方对自己产生兴趣，有了聊下去的欲望。

拿自己幽默一把，既不会得罪人，又可以在轻松愉悦的氛围中传递自己善意及亲切的交流态度，赢得对方的好感。

自嘲就是这样，运用夸张手法暴露自己的缺点，让听者在愉悦的气氛中感受到自己的真诚和坦率，这样就能得到对方的好感。如果我们仔细观察一番，就会发现，勇于自嘲的人通常都会受到大家的欢迎。

美国有一位十分出名的黑人律师，名为哈罗德·琼斯。他曾发表过一次十分有名的演讲，叫《让黑人拥有更多权利》。这样的演讲，如果让白人听到，那么必然会引起不必要的麻烦。

在演讲之前，哈罗德·琼斯被告知台下的听众基本上都是白人，并且大部分都不喜欢黑人。于是，他在演讲之前决定将原来的开场白弃之不用。

登台后，他说的第一句话是："女士们、先生们，我来这里是进行演说的，但到了之后我才发现，原来我到这里最主要的目的是为这个场合增加一点'色彩'。"

台下的白人看到皮肤黝黑的哈罗德·琼斯，顿时哄堂大笑，现场的气氛瞬间被带动起来，而台下的白人对黑人的厌恶似乎也在笑声中消失不见了。尽管哈罗德·琼斯在接下来的演讲中言辞激烈，但竟然没有任何人中途打断他的演讲，现场秩序维持得很好。最后，这次演讲赢得了史无前例的巨大成功。

在日常生活中，我们总会遇到一些误会或偏见，甚至被不友善的人当场揭短。如果我们为此与别人闹翻，以同样的方式恶语相向，只会让矛盾激化。

在与人进行交谈时，如果我们可以在他人发动攻击前，"先发制人"，自嘲一下，既能避免被人嘲笑，还能活跃气氛，放松自己紧张的心情，并让对方感受到你的真诚与坦诚，增进你们之间的感情，并让对方接受你。

自嘲是幽默的升华，非心胸开阔者不能自嘲。敢于自嘲的人必然身具幽默感，心胸豁达。在交谈中偶尔自嘲一把，会让交谈更加轻松畅快。因此，在这充满压力的社会中，能够灵活运用自嘲的人，往往更容易成事。

当然，自嘲虽然可以帮助我们解决很多难题，但凡事不能太过刻意，过多地自嘲难免让人觉得你是一个妄自菲薄的人，从而降低与你谈话的热情。

> **精进技巧**
>
> 自嘲是一种极为重要的交际方法，是一种智慧的幽默，它可以让紧张的气氛变得轻松愉悦，并让对方放下戒备之心，在欢声笑语中将交谈顺利进行下去。一个人如果没有豁达、乐观的处世态度，就很难以自嘲来促进交谈。

第五章 chapter

一旦交谈遭遇杂音，不冷场等于救了双方

在与人交流的过程中，不善于表达者可能三言两语就让谈话陷入僵局，让原本和谐的话题无法继续下去。那么，与人交流时，如何做到不尴尬、不冷场呢？这就要求我们具有随机应变的能力，当发觉谈话的氛围不对时，随时调整谈话的方向，将不利的局面扭转过来。

搭个台阶，让对方好下台

在社交场合，每个人都非常注意自己的形象，都比平时表现出更为强烈的自尊心和虚荣心。在这种心态的支配下，如果你让别人难堪、下不来台，他会因此对你产生强烈反感，甚至和你结下仇怨。相反，如果你给他提供了"台阶"，保住了他的面子，他会对你感激不尽，可能会一辈子记住你的好。

有位外宾在北京一家著名的餐厅里用餐，当他吃完最后一道茶点时，被餐桌上精美的景泰蓝筷子吸引了。他左看右看，据为己有的念头在心中产生。当时，餐厅里的客人不多，服务员远远地站在一边。这位外宾向四周扫了一眼，稍微侧一下身子，借从口袋里拿钱包之际，将一双景泰蓝筷子装入口袋内，然后冲服务员打了一个响指。

服务员应声而来，微笑着问道："先生，您需要什么？"

这位外宾指着面前的钱包，说："买单。"

"好的，您稍等。"服务员说这话时，向客人放在腿上的西装看了一眼，依然面带微笑地离开了。

不一会儿，服务员托着一个托盘走了过来，托盘内放在一张消费单和一个缎面包裹的长方体小匣子。

她走到客人面前后，把托盘放在餐桌上，拿起消费单，双手递给客人，说："这是你本次在我们餐厅消费的费用。"

客人象征性地看一眼，从钱包里取出钱，说："不用找零了，剩余的就算是给你的小费吧。"

"谢谢您！"服务员一边说一边向客人微微鞠了一个躬。

客人站起身子，穿上西装，就要离开，服务员却说："先生，您稍等。"说完，她将托盘里的那个缎面小匣子双手捧到客人面前。客人一愣，问："什么意思？"

服务员说："这是您的。"

客人问："是贵餐厅免费赠送的礼品吗？"

服务员微微摇了一下头，将缎面小匣子放在餐桌上，打开小匣子，里面放着一双景泰蓝筷子。客人看到后，有些不解。

服务员解释道："我发现先生非常喜欢我国的景泰蓝筷子，非常感谢您对这种精细工艺品的厚爱。为了表达我们的感激之情，经餐厅主管批准，将这双图案最为精美的景泰蓝食筷送给您，并按优惠价格记在您的账上，您看好吗？"

客人当然明白服务员的弦外之音。表示谢意后，他说自己多喝了几杯"白兰地"，头脑有点不清醒，误将景泰蓝筷子装进了衣袋，说完便从西装的内层口袋中拿出藏起来的筷子。

服务员收起筷子，说："正如您说的（指酒后头脑不清醒），很多外国客人都喜欢我们的这种工艺品，可是要允许他们拿走的话，以后来的客人就没有筷子可用了。"客人听服务员这么一说，哈哈一笑，气氛一下轻松了许多。

在这个案例中，服务员发现客人想私自带走筷子后，如果直接指出他的错误行为，客人肯定会下不了台。所幸的是，这位服务员很机智，给外国客人搭了两个台阶：第一个台阶是，当服务员发现客人私藏筷子时，没有当场质问他，而是通过让对方买筷子的方式，暗示对方餐厅里的筷子不允许客人带走；第二个台阶是，当客人知道自己私藏筷子被发现后，尽管给自己找了借口，也难掩内心的理亏，恰在这个时候，服务员却告诉他，想拿走筷子的现象以前也发生过。她这么一说，客人一下子就放松下来，不再因此而觉得尴尬了。

有位外地作家来北京办事，他的朋友得知消息后，带着儿子去宾馆拜访他。谈话期间，朋友的儿子比较淘气，先是在屋内玩弄各种设备，后来脱掉鞋子爬到作家的床上，在床上又蹦又跳，还大声喧哗。孩子的行为严重影响了两人的正常谈话。

可能是那位朋友平时比较溺爱孩子吧，没有制止儿子的行为。这位作家实在有些看不下去了，便用幽默的口吻对床上正在玩耍的孩子说："小朋友，你回到地球上来，可以吗？"

孩子不理解作家的话，用疑惑的眼光问："我本来就在地球上呀！"

作家笑着说："我和你爸才在地球上，而你真的没有。不信，你问爸爸。"

孩子将目光转向父亲，问道："爸爸，我真的没有在地球上吗？"其实，作家这话是说给朋友的。朋友听到儿子的问话后，忙说："叔叔说得对，你的确没有在地球上，你应该回到地球上。"说完，他便把儿子从床上抱下来。

这位作家如果直接把孩子从床上叫下来，势必让他的父亲有失颜面，同时也显得自己不近人情。而他用幽默的方式给孩子的父亲搭了个台阶，巧妙地制止了孩子的胡闹行为。给别人搭台阶，就是提倡一种"中庸"之道。中国的读书人，对"中庸"这两个字是很熟悉的，因为中国古代文化经典"四书"中有一书就是《中庸》。按照此书中的说法，"中庸"的意思是："不偏之谓中；不倚之谓庸。中者，天下之正道；庸者，天下之定理。"那么，为对方设台阶，怎样才能设得巧、设得妙呢？

1.要不动声色

当不和谐的因素出现时,要不动声色地给对方搭台阶,既要使当事人体面,又尽量不要被其他人发现。这样的话,当事人就不会因自己的行为而难堪,事后对方会因为你的体谅而心存感激。在实施时,要根据具体的情况去搭台阶,宗旨是尽量让对方感到舒服。

2.用幽默的语言当"台阶"

幽默是人际交往的润滑剂,一句幽默的话语往往能够使双方在欢笑中互相谅解,化解尴尬。

3.尽可能地为对方挽回面子

有时意外情况会让对方陷入难堪的境地,在给对方提供台阶时,如果能够通过某些善意的行为,及时挽回对方的面子,甚至增添一些光彩,那是最好不过了。这样既帮对方保住了面子,还会让对方对你感激不尽。

> **精进技巧**
>
> 搭台阶是一个技术活儿,千万不要弄巧成拙,它需要有丰富的社会阅历和社交经验。当不和谐的因素出现时,无论是语言表达还是姿态表达,都要做得合情合理,让对方感觉到你的提醒是善意的,而不是故事揭他的短或指责他的错误。

在失意人面前，不说得意的事

人生并非一帆风顺，有得意就有失意，有喜悦就有悲伤。当你恰逢喜事的时候，不能光顾着自己高兴，还要注意到有一些人并不高兴。相对你而言，这些人就是失意的人。在失意者面前，不管你如何"人逢喜事精神爽"，都一定要有意识地压制一下自己心中的"得意"。

有一次，老张把几个好朋友约到家里来吃饭，受邀约的人彼此之间也都很熟悉。老张把朋友们聚到一起，主要目的是想借着热闹的气氛，让郁闷的老葛放松一下心情。

由于经营不善，前段时间老葛的公司倒闭了，他的妻子也因为面临生活的重重压力，正与他闹离婚。内外交困之下，老葛的心情糟糕到了极点。

在座的朋友心里都明白此时老葛的遭遇，因此都谈一些风趣幽默的事儿。朋友中的老高爱喝酒。几杯酒下肚，老高没能管住自己嘴，在酒桌上大谈自己最近一段时间的得意之事。

朋友们提醒老高，老高全然不顾，依旧显摆自己的赚钱本领。巧的是，老高和老葛坐在一起，他不断地拍着老葛的肩膀说："老葛，亏那点钱根本不是个事儿，跟我干好了，不用半年，保证能让你把亏的钱赚回来！"

看着老高得意的神情，别说老葛心里不舒服，其他人也一样不舒服。在座的人反复暗示老高，可老高像中了邪一般，还挥舞手臂，不让大家阻止他说话。老高越是夸夸其谈，老葛越是低头不语，脸色也变得越来越难看。实在听不下去时，他不是借口去卫生间，就是借口出去打电话。

老张的出发点是好的，结果被老高的"高谈阔论"给搅和了，聚会就这样草草散场。老张送老葛走到门外后，老葛实在忍不下去了，愤愤地说："赚钱多了就了不起吗？这么得意有意思吗？！"

老高可能是真心想帮助老葛走出当前的困境，但有一点他不清楚：人们做事能否成功，通常并不取决于动机是否正确，而是方法是否恰到好处。这次聚会中，老高的得意与张扬和老葛形成了强烈的反差。就算老高是真心想帮助老葛，可他的这种表达方式，不像是在帮人，而像是在损人。

著名的法国启蒙思想家孟德斯鸠说过："我从不歌颂自己，我有财产，有家世，我花钱慷慨，朋友们说我风趣，可是我绝口不提这些。固然我有某些优点，而我自己最重视的优点，即是我谦虚……"

聪明的人都清楚，得意时不要太张扬。当你有了得意之事，不管是升了官、发了财，或者是事业上一切顺利，切记不要在不合适的人面前谈论。如果你知道某人正处在失意当中，那就绝对不要开口了。

不要对失意者大谈你的得意之事，这是低调者做人的明智之处。人在失意时心理是最脆弱的，也是最多心的，你关于自己得意之事的每一句话，在他听来都充满了讽刺与嘲笑，他会觉得你是在故意地刺激他。他可能会郁郁寡欢地离开，但不要以为如此而已，他还会在心中产生怨恨。怨恨是一种深植于内心深处的反抗，这种怨恨一旦释放出来，就可以毁灭你现在所拥有的一切。而且，长此以往，你也会在人脉资源上出现危机。

然而，许多人可能会有这样的想法：一个人正值得意的时候，为什么不能把自己得意的事情与他人分享呢？何况这些事情是很努力才得以实现的——我们每个人都是平常的人，谈论自己得意的方面也没什么好责怪的——但是，你谈论时要看场合和对象。

真正聪明的人绝不会恣意炫耀自己的得意之事，他们也不会自我沉寂在得意的荣誉中。事实上，得意之时的慎言不仅是成功的要素，而且是获得人心的极好的方式。低调者越不在众人面前显示自己，就越容易引起别人的认同，得到别人的赞扬和支持。相反，你在得意时越夸耀自己，别人越回避你，越在背后谈论你的自夸，甚至可能因此而排斥你。

> **精进技巧**
>
> 如果你人生得意，则要找同样得意的朋友一起出去庆贺，这样彼此才能玩得痛快自在，而不必担心出现话不投机的尴尬。有得意的事情应该和得意之人去谈，这样才志同道合，千万不要找失意之人诉说和分享。

不方便回答，把问题交给模糊语言吧

现实生活中，有很多事情会在没有思想准备的情况下发生，也有很多问题会让自己感到左右为难。在这种情况下，如果选择沉默或者拒绝，会给交际双方带来不好的影响，也会让自己在别人心中的印象大打折扣。在这种时候，我们不妨用模糊的语言来作答。

一艘豪华游轮载着游客即将到达目的地时，突然停了下来，原来是动力系统出现点小问题。游客们等了十几分钟后，变得焦躁和不安起来，纷纷把矛头指向导游，质问她为什么出发前不做好检查以及什么时候才能够重新起航。

面对情绪激动，渐渐失去理智的游客，导游脸上一直带着微笑，安抚着大家的情绪。她说："请大家不要着急，游轮只是出现一点小问题，不是什么大毛病。我们随船的技术人员正在检修，一会儿就好了。为了保障大家的安全，请耐心等一会儿，不要走远，更不要站在危险的地方，游轮马上就要起航了。"

导游不断重复着这些话，旅客焦躁的心情也随之慢慢平复下来。又过半个小时，故障终于排除了，游轮安全抵达码头。

这是一位十分聪明的导游，面对游客的质问，她反复用"一会儿""马上"等模糊词语。这样做的好处是，既避免了游客的情绪再度波动，又没有给出准确的答案,从而给自己留下了说话的余地。如果导游不用模糊词语,而是盲目地说"15分钟或20分钟后就能够起航",这就等于给自己设定了一个时限。如此一来,游客们等了15分钟或20分钟后,游轮依然没有修好,游客的情绪一定会比先前还要急躁。这个时候,导游再想去安抚他们,就不会得到游客的信任,反而会加重游客的怒气和怨气。

可见,在不能确定准确答案时,使用模糊语言至关重要。那么,与人交谈时,如何恰到好处地使用模糊语言呢?

1.巧用模糊语言应对请求

在社交活动中,运用模糊语言应对请求是一种常用的方法,它可以令你巧妙地对对方的请求做出含蓄、灵活的表态,因为不是直截了当地表示态度,就避免了与对方的正面交锋。

谈话高手们都知道,说出的话就像泼出去的水,出去就收不回来。"模糊语言"是给自己留有余地的最好方式,可以有效避免授人以柄。

当别人请求你办事时,他一定是满怀着希望来找你,希望事情能够办成。你满口答应,想真心帮助他,可是不怕一万就怕万一。万一最后因为某些没有预测到的原因,事情没有做好,那么不仅对方失望,你也会从此失信于人,你的威信和声誉会遭到不应有的损失。这时候,最聪明的做法就是"模糊应对",不把话说死。这样你才能进退自如,给自己留下一条退路,不至于陷入被动的境地,也不会影响双方的关系。如此,即使最后真的没有办成事,对方也不会长时间耿耿于怀。

如果你觉得对于对方的请求能力有限,基本上帮不上什么忙,也别忘了运用模糊语言来应对,因为这样可以安抚对方的情绪。对方对你寄予厚望,而你却生硬地拒绝。对方很可能会因此失望或难过,心理上难以平衡,情绪上难以稳定,严重的还会产生偏激的言行,这对你的人际关系极为不利。假若你不把话说死，对方就会感到事情并不是毫无希望，也许经过努力事情会慢慢好起来，因而情绪上会得到一些安慰，言行才不会过于激烈。

2.巧用模糊语言化解难堪

在社交活动中，模糊语言不仅能够巧妙地应对别人的请求，还能够巧妙地化解难堪。

女人最讳莫如深的就是自己的年龄。一般情况下，人们不会主动去询问女人的年龄，也不会将女人的年龄当作话题来讨论。假如女人自己主动提出年龄的话题，我们该怎么说呢？

电影《勿忘我》中有这样一幕：

有一次，30岁左右的女主人公精心打扮后去参加朋友的生日派对。一个陌生的男子主动邀请她跳舞，她既没有起身跳舞的意思，也没有拒绝这个男子，而是让男子猜她的年龄。

面对突如其来的问题，男子感到十分为难：年龄说得太大，她一定会不高兴，就不会和他跳舞；说得太小，她一定会觉得他虚伪，也不会和他跳舞。

最后，男子灵机一动，说："你这么年轻美貌，应该减去10岁；但你又这么充满智慧，又应该加上10岁。"

这个聪明的男子用模糊语言既化解了尴尬，又赢得了芳心。这样的回答，并没有确切地说出女主人公的年龄，却收到了绝佳的效果。

公司里的小刘是大家公认的台球高手，只要他出手，就不会打败仗。巧的是，总经理也是一个台球迷，很喜欢打台球。

有一天，小刘和总经理在台球室相遇，总经理执意要和小刘切磋一下。几个回合下来，所有的人都能看出小刘的技术更胜一筹。总经理却故意问小刘："小刘，你说咱们谁是第一，谁是第二？"

小刘如果说自己是第一，一下子就把总经理得罪了；如果说总经理是第一,不仅贬低了自己,还有拍马屁之嫌。

小刘想了想说:"总经理的球技是领导中的第一,我的球技是下属中的第一,咱们都是第一!"

总经理听后满意地笑了。

小刘正是运用模糊语言,巧妙地解决了总经理给他出的难题,化解了难堪。

> **精进技巧**
>
> 模糊语言是一种重要的交际工具,同时也体现了一个人随机应变的能力。在一些不必要或者不可能把话讲得过于清楚的情况下,我们完全可以运用这种表达方式,既可以避免紧张的气氛,又可以让自己得以解脱,同时还不会给别人带来负面的心理影响。

每人都有心理"禁区",别去侵犯它

俗话说"寸有所长,尺有所短",是人就都有自己的优点和缺点。在与人谈话的过程中,应尽量避免采取揭短的方式来打压对方。比如,对方身体有某种缺陷,或有小偷小摸、打架斗殴的行为等,这对他们本身来说就已经是不可磨灭的记忆了,而你再一而再,再而三地提醒他们,只会增加他们的心理负担,让他们痛苦不堪。

现今社会,人们都在朝着文明的方向发展,这种揭短的行为已经为越来越多的人所鄙视,"打人不打脸,说话不揭短"已经成为人们普遍重视的信条。一个肆意揭露他人之短,以伤害他人为乐的人,只会遭到人们的唾弃。

古罗马有位叫科里奥拉努斯的英雄,曾在战场上立下了赫赫功绩。他的英雄事迹在古罗马口口相传,众人提及他,总是赞不绝口。但是科里奥拉努斯年纪渐长之后,就希望从军界走入政界,过上安稳一点儿的生活。而这时候,进入政界最好的办法就是通过竞选得到最高执政官一职。

竞选开始了,科里奥拉努斯发表了一场令人十分感动的演讲,他从自己身上的无数伤疤开始讲起,向选民讲述了自己在战场上十几年来的诸多艰难经历。几乎所有的人都被科里奥拉努斯的英勇和爱国精神感动,他们决定投他一票。从当时的情况来看,科里奥拉努斯已基本成功了。

但是，走下演讲台之后，科里奥拉努斯完全变了。在投票日即将到来的时候，他开始在会议厅里诋毁对手，并高傲地宣称凭借自己的赫赫战功，必然会当选无疑。与此同时，科里奥拉努斯毫不避讳地恭维那些贵族，而对平民毫无致谢之意。选民们在看到他的作为之后，纷纷改投他的对手，这直接导致了他的落选。

此时，科里奥拉努斯依然不思悔改，他把所有的责任都推到那些导致他竞选失败的平民身上，发誓要对他们实施报复。机会很快来了，一批物资运抵罗马，元老院开始为是否将这些物资免费发放给平民展开讨论。科里奥拉努斯当然不肯放过这次报复的机会，他用激烈的言辞抗议将物资发放给平民，并建议将平民代表赶出统治层，由贵族全权主导一切。因为他的反对，平民免费分得物资的议案未能通过。

消息传出之后，罗马的平民们立刻愤怒了，他们聚集在元老院门前，要求与科里奥拉努斯当面对质。当时科里奥拉努斯傲慢地表示，他是不会和下等人见面的。他的这一举动，引起了人们更大的愤怒，罗马的平民举行了一场声势浩大的暴动。元老院见事态严重，便同意了将物资免费向平民发放的议案，但是人们依然愤怒地要求科里奥拉努斯出来道歉，不然坚决不允许他再次奔赴战场。

科里奥拉努斯迫于无奈，只好走出元老院，压下心中的怒火向平民道歉，开始时他的语气还算温和，但是在受到平民们接二连三的质问之后，他变得暴躁起来，言语越来越无理，最后甚至公然辱骂平民。震怒的平民立刻大声抗议起来，他们要求元老院判处科里奥拉努斯死刑，将他扔下悬崖。最后，经过贵族们大费周折的劝说之后，最终科里奥拉努斯被判处终身放逐。平民们取得了胜利，一场暴动这才得以平息。

总结整个事件，科里奥拉努斯之所以会从一个英雄变成惹人讨厌的公敌，最根本的原因就是他太过心胸狭窄了。无论出现什么状况，总是别人的错，他是绝不会错的；别人做了有损他利益的事情，他一定要报复，却不知这种态度让他陷入了更加恶劣的处境之中，最终自食苦果。

其实，每个人都有忌讳心理，都有自己与人交往所不能提及的"禁区"。这个"禁区"就像人们常说的胖子面前不提肥、东施面前不言丑一样，让他人痛苦的事情应尽量地避而不谈。这不仅是处理人际关系的技巧问题，更是对待朋友的态度问题。懂得说话不揭短的人，往往懂得尊重他人，对他人尊重就是对自己尊重，只有这样才能从心理上打动他人。

小齐天生就非常瘦，属于那种怎么吃也吃不胖的人。虽然现在的女孩都在"减肥"，小齐却一直想"增肥"。因为平坦的胸部，她经常被人笑称为"飞机场"，她多么希望自己也有一个凹凸有致的身材。这简直成了她的心病，她很介意别人提起。

小齐的好朋友小凤天生一副"魔鬼身材"，她为此非常自豪。尤其是和小齐在一起的时候，她更是自信满满，得意扬扬。私底下，她没少嘲笑小齐的"飞机场"。但是，因为没有外人，小齐也就没有放在心上。

谁知，在一次好友聚会上，大家在闲聊的时候聊起了"减肥"的话题。大家都说很羡慕小齐的苗条，小凤却说："其实，太瘦了也不好。男人啊，还是喜欢我这样的，凹凸有致。像小齐这样就太瘦了，干巴巴的，不知道的人还以为身体有什么毛病呢。"

小齐听到这话，脸色立即大变。虽然大家都朝小凤挤眉弄眼，甚至咳嗽来提醒她的"失言"，小凤却完全沉浸在对自己的夸赞中，完全没有注意到大家的反应，自顾自地继续说："网上说，太瘦的话，怀孕都是个问题。"

还没等她说完，小齐就起身拂袖而去。从那之后，不但小齐不再和小凤说话，连其他的朋友也都尽量躲着小凤，不愿意和她深谈。

小凤作为小齐的好友，不但不维护朋友的面子和自尊，还故意在众人面前侵犯朋友的心理"禁区"，在伤害了朋友的同时，也给众人留下了不好的印象。即使她是无心的，并没有什么恶意，但是，这种口无遮拦依然是让人无法原谅的。

俗话说"矮子面前莫说矮"，那些有生理缺陷或是家庭不幸的人，他们本身就已经很痛苦了，如果你再有意无意地揭人伤疤，只会让对方感觉更痛苦。人们在碰到这种情况的时候要加以避讳，尽量注意语言说词，不然只会伤人又伤己。

总之，在和朋友相处的时候，我们一定要谨言慎行，不要侵犯对方的心理"禁区"。要做到这一点，除了要珍惜友情，言之有节，在关键时刻控制住自己的情绪，不说出伤人伤己的话，还要注意完善自己的人格修养。

> **精进技巧**
>
> 每个人都有自己的心理"禁区"。如果你想成为一个受人欢迎的人，就要管住自己的嘴巴，说话时尽量说朋友的优点和长处，避免提及对方的缺点和短处。

放下争论,言归于好才能双赢

生活中的许多事情,没有几件是值得我们拿友谊作为代价,用争强好胜的方式去获得的。但是,生活中却偏偏不乏如此之人。我们常常看见有些人聊天时,聊着聊着就争论起来,他们争的并非什么重大问题,不过是些细枝末节的小事。

其实,这些争吵者的观点往往是一致的,可是他们却都以为对方完全站在自己的对立面,弄得大家都非常不愉快。人人都知道这是一种十分常见的有害的毛病,但就是有许多人无法克服。

在一切聊天中,除了交谈者彼此都能虚心地、不存半点成见地在某个问题上进行真诚的讨论之外,应该避免一些不必要的争论。特别是朋友之间,千万不要为一点儿小事争论不休。

销售员丽丽长相漂亮,刚刚来到公司就受到大家的欢迎。丽丽是个热心肠,总喜欢帮助同事,然而让人没有想到的是,一个月后大家对她的态度慢慢冷漠起来,甚至有好几个女同事见到她就板起面孔。更为糟糕的是,整整一个月,她的业务成交量居然是零。

丽丽很苦恼,找到一个做人力资源工作的朋友,说出了自己的困扰。聊天过程中,朋友发现丽丽有个很不好的习惯,那就是只要别人说了她不认同的话，她总是找理由与对方争论一番。

"丽丽，你听我说，"朋友终于无法忍受丽丽的喋喋不休了，"我相信你来找我，不只是为了和我进行争论吧。"

丽丽下意识地张了张口，想去反驳，最终还是闭上了嘴巴。

朋友接着说："无论你有多少优点，如果不改掉爱争论的毛病，你就永远无法得到同事们的认可。所以，无论是你希望回到同事们身边，还是希望业绩能大幅度提高，你首先都应该学会认同他人，克制自己反驳的欲望……"

丽丽听了朋友的话，回到公司后再也不和同事因小事发生争论了。同事们发现丽丽改掉了缺点后，渐渐地也就接纳了她。如此一来，丽丽不但重新找回了在公司里的好人缘，还成了公司新人中的销售冠军。

那些喜欢与人争论的人，是否以为可以用争论压倒对方，给自己带来很大的利益呢？其实，好与人争论，弊多利少，有害于己。第一，好与人争，会损害别人的自尊心，易使人对自己产生反感乃至厌恶情绪；第二，好与人争，很容易使自己形成专挑别人错漏的恶习；第三，好与人争，逞强好胜，易使自己产生傲慢情绪，自以为是；第四，好与人争，长此下去会失去朋友，孤立自己。那么，在交谈中，面对争论时该如何应对呢？

1. 先听取对方的意见

人都有一种欲望，就是想把心中的疑惑倾吐出来，当这种欲望未得到满足时是无法倾听别人意见的。否则，对方总会感觉自己没有受到尊重，就会产生抵触情绪。因此，当你要对方接受自己的意见时，不妨先听一听对方的意见。

2. 表达意见时态度要温和

人们对别人在争论中居高临下的态度，往往会产生反感，自然就不想改变自己的想法了。所以在与人争论时，切勿感情用事，言辞不要过于激烈。换句话说，当对方反对你的意见时，切勿不顾一切地让对方接受你的意见，从而引起激烈的争论。只有你心平气和地说出自己的想法，对方才愿意倾听，这样对方才有可能不知不觉地接受你的意见。

3.争论时适当让步

双方发生争论时，每一个人都认为自己的想法是正确的，认为对方的想法是错误的。其实不管是何种争论，每个人的意见都可能有合理的成分。因此，当你与别人展开争论时，不妨对对方的某一项意见做出让步，这样利于找出双方的共同点。你对对方的某些意见做出让步，对方也会对你的某些意见做出让步。

4.不要急于回答对方的质问

当你受到对方质问时，你不妨先注视对方的脸，隔一会儿再答复，这样能够给对方一种心理上的满足感，使其认为他所说的话引起了你的思考。即使你不得不反驳对方的意见，也不必立即进行反驳，否则对方会以为你主观武断，根本没有考虑他的意见。

5.借人之口表达你的观点

每一个人都有一种心理倾向：不信服自卖自夸的人。所以，当你与别人展开争论时，最好让其他人替你说出自己的意见。在这种情况下，即使你的主张与对方不同，起码不至于伤害对方的自尊心。

6.争论时别伤了情面

与别人发生争论时，要注意保全对方的情面。人在发表了自己的看法之后，即使察觉到观点有偏差，也不会轻易改变，因为人都有自尊心，一旦承认了自己的意见不正确，生怕因此而被别人看低。为了保全对方的面子，你最好给对方一个下台阶的机会，这样利于融洽双方的关系，弥合彼此的分歧。

精进技巧

与意见不合的人发生言辞激烈的争论,绝不是明智的做法。当你迫不得已与人陷入争执,不妨尝试控制自己的情绪,以"软话"化解对方的火气。在轻松的谈话间让对方认可你的意见,这才是智者所为。

谈笑间，打破尴尬的局面

在社交场合，往往会遇到令人发窘的尴尬问题，这种时候我们要学会处乱不惊，积极寻找从狼狈的境地中解脱的办法，将自己的思想调整到自由、活跃的状态，并用机智的语言来打圆场。

有个财主去向穷人讨债，可穷人一家饥寒交迫，哪里有钱还债呢？然而，债不还不行，于是他对财主说："欠你的钱，还你的钱，屋后二亩荒草园。种上树，长成材，解成板，打成船，放下河，用千年，船用烂，钉打帘，割刺刺，插路边。刮羊毛，织成毡，卖了钱，还你钱。"

愚蠢的财主只听说"还钱"，但没有理解穷人说的是还钱的方式，便说："只要你还钱就好，反正利上加利。"说完，他就扬扬得意地走了。

穷人用智慧化解了尴尬的局面。原来，这个穷人有自己的生存哲学，他知道对付财主用说情的方法行不通，便拐弯抹角、煞有介事般地大谈还钱的步骤和方式，表面看似乎环环相扣、顺理成章，俨然是还钱不难的口气，所以使愚蠢的财主以为不但收债有望，而且必有肥利可图，因而得意而去。

玲玲是单位的行政科长，今年刚满30岁，但办事十分老练。任何棘手的事情，到了她的手上，似乎都可以大事化小，小事化了。做行政工作，只有擅长说话，才能处理好单位内部和单位与单位之间的关系。玲玲十分善于利用幽默处理各种交际问题，因此同事们都十分喜欢她，有什么事情都会找她解决。

一次，小马带着三岁的女儿到公司玩。虽然她反复叮嘱女儿不能乱动叔叔阿姨们的东西，但她的女儿毕竟还小，看到什么都觉得新鲜。在小马去给局长送资料的工夫，她女儿就将一位同事的键盘摔坏了。小马十分生气，就在女儿的脑袋上拍了一巴掌。

其他同事还没明白怎么回事，玲玲便对着小马大喊道："你打孩子干吗？手欠不欠啊！"这让办公室里的其他同事有些找不到北，小马更是火冒三丈，气冲冲地想要理论，当时的场面可谓是尴尬至极。

但玲玲又立即抚摸着小女孩的脑袋说："你知不知道刚才这一巴掌有多大力道？这孩子本来可以考个博士后，现在好了，就因为挨了你这一巴掌，只能考个博士了。"

周围同事一听，都呵呵地笑了起来，连小马也不例外，一边笑一边说道："得了吧，就她还博士后呢。她要是真有那个脑袋，我的祖坟上肯定是冒青烟了！"

在这个案例中，玲玲非常聪明，当她发现自己说错话后，随即将"巴掌"与"博士"联系到一起，继而化解了一场危机。遇到这种事情，不是我们想解释就可以解释清楚的。如果在解释的过程中，又说错话了，那可就百口莫辩，"越描越黑"了。因此，我们可以尝试着换一种交流方式，利用幽默的言语进行交流，或许一两句话就可以化解尴尬气氛，让大家在欢笑中忘记刚才的不快。

任何人都会遇到尴尬的情况，巧妙化解尴尬，不仅可以为自己解围，还能对他人施以援手，帮对方摆脱窘境。

美国前总统里根访问加拿大，在一所大学进行演讲时，竟然被一些极为反感美国的学生打断了，这使得在现场进行主持的加拿大总理约瑟夫·特鲁多十分尴尬。

里根却无所谓地笑着对特鲁多说:"这种情况在美国时有发生,我想这些学生一定是美国到加拿大的留学生吧,他们想让我在加拿大产生一种宾至如归的感觉。"

里根总统的幽默话语,顿时化解了场上的尴尬,让特鲁多暗松了一口气。

如果里根在加拿大民众不友好的行为上大做文章,很有可能引来一场国际纠纷。而对于必须以大局为重的特鲁多来说,这种情况显然不是他想看到的。里根将这种尴尬看在眼里,于是出面解围,巧妙地化解了场上的尴尬和暗藏的危机。

我们每天都要接触很多人、很多事,因此不可能将所有的事情都预料到,并且我们不可能一直保持冷静的头脑。很多时候,人们难免会因为冲动犯下一些错误,在话说出口后才发现不妥,将自己置身于尴尬之中。因此,在我们处理这些尴尬的事件时,一定不能拘泥于某个固定的模式,而是要善于分析和思考,即时做出具体而恰当的反应,只有这样才能化窘迫为谈笑,化尴尬为和谐。那么,我们该怎样快速扭转尴尬的局面呢?

1.转移话题,淡化分歧

在交际场合中,我们往往会遇到一些比较严肃的话题,交际的双方难以在这些事情上达成一致意见,而这阻碍了交谈的正常进行。那么在这个时候,我们就要刻意地去回避敏感话题,将谈话转移到其他的话题上去,用轻松愉快的谈话内容改变紧张的局面,转移双方的注意力。这样就能将意见分歧较大的话题做有意识地淡化,让原来僵持的场面重新变得宽松愉悦起来,把给双方心理带来的负面影响降到最低。

2.善意曲解,消除误会

在交际场合中,交谈双方难免会因为一时的疏忽而说出一些不合时宜或者是带有歧义的话，从而让别人产生误解，心理上感到不愉快。这个时候，直接的解释往往起不到太大的作用，倒不如采取故意曲解的方法，对那些不合时宜的话装作不知其意，顺着这个话题继续说下去，从善意的角度进行解释或者打圆场。这种看似无心实则刻意地接话方法，会很快地将局面朝着好的方向引导和转化，而那些尴尬的局面也将会随着故意的曲解而不复存在。

> **精进技巧**
>
> 在我们处理尴尬的事件时，一定不能拘泥于某个固定的模式，而是要善于分析和思考，即时做出具体而恰当的反应，只有这样才能化窘迫为谈笑，化尴尬为和谐。当然，保持乐观、豁达的心态也尤为重要。

玩笑不可过度，要适可而止

古代有个叫魏鹏举的年轻人，18岁就中了举人，而且早早就娶了美貌娇妻，可谓风光无限、意气风发。

结婚才一个月，魏鹏举又不得不离开妻子，进京赶考。临别的时候，妻子依依不舍，对魏鹏举说："相公啊，记得想我。考不考得上都不打紧，要紧的是早点儿回来，免得我在家惦记！"

魏鹏举潇洒笑道："'功名'二字，早已经是我的囊中之物。放心，你就看好吧。"他起程到京应试，果然一举成名，榜眼及第。魏鹏举少年得志，自然高兴，当下便修书一封，派人接取家眷入京。

魏鹏举在书信中先讲了在京的基本情况以及考得功名的事情，最后开玩笑，写下这么一行字："我在京中早晚无人照管，已经纳妾，专候夫人到京，同享荣华。"

魏夫人接到书信，拆开一看，便有些生气，说："相公就是一个负心贼，刚刚考下功名，就纳妾了。真是太可气了！"

送信的家人说："怎么可能呢？根本没有的事。我在京城那么久，也没见公子纳妾。夫人，这多半是公子开玩笑的话，等夫人到了京城，你就知道事情的真相了。"

魏夫人听到家人这样说,心里才好受一些,说:"这还差不多,不枉我一直惦记他。"这边放下怨怼的心思,那边急切见夫君的心思又起来了。于是,魏夫人急急忙忙收拾东西,准备进京。但由于东西太多,车马不便,一时半会儿也到不了,魏夫人便只好先托人寄一封信给丈夫,以报平安。

魏鹏举在京接到信,只见上面写道:"你在京中纳妾,我在家中也嫁了一个小相公,过不了多久,我就和他一起来京城见你!"

魏鹏举读完这封信,顿时大笑。就在这个时候,一个进士及第的同学来访,看到了那封信,抢过来便朗诵起来。魏鹏举措手不及,脸都红了,说:"那是玩笑话,没有的事!"

那同学笑道:"这样的事情可不能开玩笑啊!"结果不久之后,关于少年榜眼的有趣家书一事,便传遍了京城。这个时候,有嫉妒他的人奏了他一本,说:"榜眼虽然有才,但是年少德行不修,不知检点,不适合担任朝内的重要职位,最好到地方上去担任基层官员,多历练历练。"

本来有机会进翰林院的魏鹏举,就这样被"下放"了。一句玩笑话,结果耽误了好前程。由此可见,玩笑虽然很好,若不能恰当使用,也会带来麻烦。

生活中,因为一个玩笑而造成麻烦的例子实在是数不胜数,究其根源大多数是因为玩笑开得太过火。所以,开玩笑要讲究分寸,千万不要给他人造成伤害。那么,我们该怎样在开玩笑时做到适可而止呢?

1.内容要得体

玩笑的内容体现了开玩笑者的思想高度与修养水平。内容健康的玩笑,让人感觉是一种精神享受。如果玩笑内容不雅,充斥着污言秽语和低级庸俗的语言,不仅污染了语言环境,侮辱了对方,令对方反感,而且也表明自己的情趣鄙俗,水平低下,甚至会令对方对你的人品产生怀疑。

在和长辈或者晚辈开玩笑的时候,尤其不能轻佻放肆地大谈男女之事。

当同辈人之间开这方面的玩笑，自己以长辈或晚辈的身份在场时，最好不要插话，若无其事地旁听即可。

2.态度要得体

开玩笑时要表现出友好的态度，千万不要以为你趁着开玩笑的时机，发泄心中的不满，对别人冷嘲热讽，别人感觉不到。人家可能只是表面上不跟你计较，但是在心里早就觉得你是一个不尊重别人的人，不愿再跟你交往了。

3.行为要得体

很多时候，开玩笑的同时会伴有肢体动作和行为，这些动作和行为也千万不能过了头。

小王和小李是相识很久的老朋友了，然而一次玩笑让两人闹得很不愉快。怎么回事呢？

那天，小王和小李在讨论设计方案，一个难题让两人都陷入了冥思苦想之中。突然，小王看出了问题，原来所有的困难都是因为小李统计错了一个数字。这时候，小王伸手往小李脑门上一拍，说："你脑子怎么了？"这让小李感到很恼火，他认为这是很不礼貌的行为，一下子跟小王翻了脸。

4.场合要合适

开玩笑要分场合，在庄重严肃的场合不适合开玩笑。例如，面试的时候，不要随便和你的面试官开玩笑，搞不好一句话就让你得不到饭碗；开会的时候，不要随便开玩笑，那是在给你自己找麻烦；跟领导汇报工作的时候，不要随便开玩笑，否则领导会认为你是一个不稳重的人……

办公室是一个尤其要注意玩笑尺度的场合。无论你想日后平步青云，还是想默默无闻、与世无争，都要在办公室里学会开玩笑的艺术。另外，不要总是在办公室里开玩笑。时间长了，同事们会觉得你不够庄重，慢慢地变得不尊重你。领导也会觉得你不够成熟和踏实，不再对你委以重任。

5. 玩笑要有度

玩笑应该开到什么程度，我们必须心里有数。如果不管三七二十一，更不管对方能否接受，乱开玩笑，很可能会惹恼对方，最后乐极生悲。

6. 开玩笑要看对象

同样一个玩笑，可以对甲说，但不一定可以对乙说。开朗大方的人，可能不介意你有些"恶毒"的玩笑，但有些内向的人开不起玩笑。你的玩笑很可能会惹来他的怨恨，引起他敏感的琢磨，从而对你的动机产生误解。

同样一个玩笑，在某人高兴的时候说，跟在某人不高兴的时候说，效果可能会有天壤之别。对方心情好的时候，你玩笑过了头，对方可能只是付之一笑；然而，当对方心情不好的时候，你的玩笑稍微一过头，可能就会招来对方的愤怒。

和不相熟的异性在一起时，尽量不要开玩笑，即使是正经的玩笑，也可能会引起对方的反感，还可能会引来别人的非议。一般来说，男性对语言的承受能力较强，一般的玩笑话不会导致男性难堪；女性对语言的承受能力较弱，不得体的玩笑会使女性害羞难堪，甚至"下不来台"。所以，开玩笑时一定要注意男女有别。

> **精进技巧**
>
> 会开玩笑的人懂得如何给生活添加辅料，受到不公平待遇也会泰然处之，即使心情郁闷，也能通过开玩笑的方式给别人传达某种信息。这种人热爱生活，大智若愚，充满了人格魅力，现实生活中会得到众多朋友的喜爱，因此成功的机会自然比一般人多。

管好自己的嘴，不该说的不要说

与人相处，会说话是一门艺术，特别是交谈时一定要做到不该说的不要说。毕竟每个人都是有自尊心的，总希望受到别人的尊重，都不愿意有人触及自己的憾事、缺点和那些令自己感到难堪的事，这也是一般人都具有的心理。因此，在交谈中，一定要注意尊重别人，把握说话的分寸。

茉莉性格开朗，说话时向来无所顾忌。一次，她和公司的一个男同事共同负责一个项目。在工作的过程中，男同事的能力明显不如茉莉，因此延误了项目完成的时间。茉莉为此没少埋怨这个拖后腿的同事，不仅私下和好姐妹们聊天时大倒苦水，在公司也几次和同事们抱怨："这种能力的人怎么能进我们公司！谁把他招过来的啊？真没眼光！"同事听了，都不知道该接什么话，只好悻悻而去。后来，茉莉被莫名其妙地辞退了。

伤心不已的茉莉后来才知道，那个拖后腿的男同事是总经理的一个亲戚，茉莉的口无遮拦无意中得罪了总经理，她自然不得不重新去寻找工作。

俗语说："金无足赤，人无完人。"人或多或少会有一些不尽如人意的小毛病。在与他人交往的过程中，我们都希望自己做个举止得当、言语得体的"发光体"。语言是人际交往的工具，讲究方式方法，说话要把握一个相应的尺度。我们在与人交谈或者交往的过程中，如果没有领悟对方的意图就不要随意开口，不能带着情绪指责甚至拆别人的台，毕竟人人都有自尊和容忍的底线；更不能无事生非没话找话，那样只会适得其反，甚至弄巧成拙让事情变得糟糕。如果你是个细心的人，就不难发现，生活中发生的很多口角，多是因为说话没有把握好尺度。

燕燕是一家外企的员工，刚进公司时，大家都觉得她聪明伶俐，工作能力也非常强，所以很多人都喜欢她。但是，相处的时间长了，大家才发现，她在与同事的接触中很骄傲，说话也不注意分寸，总爱揭别人的短儿。

有一次，同公司的同事安安买了件新衣服。午休时间，大家聚在一起聊天时，纷纷称赞安安穿的新衣服既漂亮又合身，可燕燕却直冲冲地说了句："这衣服是挺漂亮的，但是你穿一点儿都不适合，你太胖了。这衣服适合那些身材高挑的人穿，那样才能显出衣服独特的气质。"

听了这些话，安安的脸立刻涨得通红，显然是生气了，其他同事也相当尴尬，很快就借口走开了。其实，燕燕说的话也并不是不对，安安的身材确实有些"丰满"，穿上那衣服是有些不太合身，但是也别有一番韵味，她这样一说却让大家感到非常难堪。

可是燕燕自己却浑然不觉，她总觉得自己很有品位，哪知道人家其实是不愿意和她计较而已。她依然说那些不知分寸的话，以此嘲弄别人，觉得自己很聪明。久而久之，同事们都把她排除在集体之外，很少有人主动跟她聊天了。燕燕不知道为什么会变成这样子，其实她是在为自己的说话没分寸埋单。

其实燕燕的本意是想和同事拉近关系，可是她说话太不注意分寸了，总是直言直语，不加修饰，不顾及人家的感受。显然，说话不注意分寸直接影响了她的人际关系。

同事小王不把自己当外人，总是用小李的卫生纸，自己几乎从来没有买过。刚开始小李觉得没什么，毕竟卫生纸也花不了几个钱。可是，小王越来越得寸进尺，卫生纸用得很浪费，害得小李几天就要买一次。

小李终于无法忍受了，借着聊天的机会，对小王说："小王，你这几天是不是吃坏肚子了？要不要我陪你去医院啊？我看这卫生纸噌噌噌地被用完，买卫生纸的钱也够你买一盒药了。"

小王笑着说："不用不用，我自己去就行。"

自从小李"关怀"他之后，小王收敛了许多。

小李通过这种巧妙的说话技巧，让小王明白了他的真正意图。小李的做法值得称道，他在不该说某些话的时候，管住了自己的嘴，做到了不该说的没有说。如果小李直接对小王说："你也太不像话了，用了我那么多的卫生纸。"小王肯定脸面上挂不住，甚至可能会与小李反目成仇。

与人交谈时，哪怕是最要好的朋友，说话也要注意分寸，绝对不要想说什么就说什么。如果你在对方面前说得太"放肆"，虽然在你看来你所说的话没有问题，但对方可不这样认为，一旦你的话让他听着不舒服，就可能使交谈无法进行下去，更有甚者会当场与你翻脸，将好端端的交谈变成争吵或不欢而散。

> **精进技巧**
>
> 掌握说话的时机，注意说话的分寸，更有助于达到你的目的。否则，即使你的出发点是好的，也可能达不到效果或者起了反作用。所以，要学会根据对方的性格、心理、身份以及当时的氛围等一切条件，考虑你说话的内容及说话方式。

第六章

发现交流的秘密,原来语言高手只说对的

现实生活中我们不难发现,有些人夸夸其谈说个没完没了,其实说了一大堆废话,不但没有把重点说出来,反而会引起听者的反感。而语言高手在表达自己的观点或内心想法时,常常是一语中的,从来不说废话或啰唆话。所以,在与人交流的过程中,我们一定要做到言之有料,这样才能"语"半功倍。

寒暄到位，未开聊就成功一半

在日常生活中我们都会有这样的感受：与别人谈话时，往往不会直接进入最核心的话题，而是先聊一些其他的话题，活跃一下气氛，这就叫作"寒暄"。事实证明，许多谈话都是从寒暄开始的。寒暄是人与人建立语言交流的方式之一，它可以让陌生人打破最初的隔阂，让朋友更加亲密，把单调的气氛活跃起来，为接下来的聊天打下良好的基础。

1984年9月，中国与英国就香港问题，在钓鱼台国宾馆开始第22轮会谈，主要讨论我国对香港主权的收复问题。这无疑是一场很严肃认真的谈判，但是在谈判开始前，中方代表周南和英方代表伊文思先寒暄了起来。

周南说道："现在已经是秋天了。我记得上次大使先生是在春天前来的，到如今已经经历了春、夏、秋三个季节。秋天，可是一个收获的季节啊！"

在这次轻松的寒暄中，周南运用了双关、暗示的手法，巧妙地利用了季节的特征，即秋天是成熟和收获的季节，将我国诚恳的态度以及坚定的决心，含蓄委婉地传达给了英方。这种寒暄意味深长，具有强烈的指向性，为接下来的谈判做了很好的铺垫。

有一次，导游小王带一个从南方来的旅游团去北京观光，不巧的是旅行的第一天就赶上了一场鹅毛大雪，这对他们之后的游览登山、参观景致、出行路况等都造成很大影响。不少游客开始抱怨天公不作美，大家的游玩兴致变得十分低落。导游小王该怎么做呢？

在大巴车上，小王兴高采烈地对游客们寒暄道："亲爱的朋友们早上好！我想大家一定是真的好！因为北京此时正呈现出难得一见的'北国风光，千里冰封，万里雪飘'的壮观景象。今天实在是个难得的日子，是我们可以亲自去体验毛主席诗句意境的日子。老天就是眷顾我们，给我们送来飘飘的雪花，那么就让我们快乐地上路，去当一次踏雪登长城的好汉吧！"

听到小王的一番话，游客们减少了对天气变化所带来的不便的担心，大家一想到有如此美好的雪景，旅游的情绪也慢慢高涨起来。

导游小王的这种寒暄方式，完全是从关照游客心理的角度出发的，自然能使对方产生一种认同心理。当大家都被小王所描述的雪景吸引时，他们也就不知不觉地接受了大雪所带来的种种不便，甚至这些不便在他们的心里在慢慢淡化。可以说，适当的寒暄能够促进双方在交际中的亲和需求，而这种亲和需求在融洽气氛的推动下会逐渐升华，使我们顺利地达到交际目的。

通常在正式交流前，寒暄有以下几种主要形式：

1.问候式寒暄

比较常见的问候语有："你（您）好""你（您）早""早上好""上午好""早安""下午好""午安""晚上好""晚安"等。

在我国，常用的问候语还有："你（您）吃饭了吗？""你（您）去哪儿？""最近忙些什么？"……如果是比较熟的人，还可以这样寒暄："今天天气真好！""好久不见，最近在忙些什么？""你的身体好些了吗？最近天气热，多注意休息。""学习还顺利吧？"……

这类话有时并无太多的实际意义，只是表示一种礼貌和关怀。另外，还要注意的是，下级、年轻人、晚辈、学生、服务员等，应主动热情地问候上级、老年人、长辈、老师、顾客等。

2.赞扬式寒暄

赞扬式寒暄是以赞美对方的话语来与对方打招呼，主要的话题包括衣着、身体、工作、家人等。这样的寒暄不仅能使对方心情愉快、感觉良好，而且还能创造一种和谐的交流气氛。

常见的赞美式寒暄语有："哟，在哪买的衣服，这么酷，快叫人认不出来了！""你穿这套衣服挺合适，看上去特精神！""你写的那篇文章昨天我看到了，真不简单！""这些天你的脸色好多了！""这是你的母亲呀，这么随和，还挺漂亮！"……

每个人都希望获得他人的赞美，这是人类有别于其他动物的地方。马克·吐温说他得到一次称赞后，可以凭这份赞赏愉悦地生活两个月。这说明赞美式寒暄对人的影响是积极而巨大的。

3.致谢式寒暄

生活中与人聊天时，需要致谢的地方很多。一个有教养的人总能及时地向他人表达谢意，并以感谢的方式来寒暄。即使是一般人，在面对以下这些情况时，也应该以致谢的方式来寒暄：

当有人为你端上一杯水时，当有人邀请你一同做游戏时，当有人热情为你让座时，当有人为你捡起你掉下的东西时，当有人送你礼物时，当有人在学习上帮助了你时……总之，也就是在他人为你提供了服务或方便时，你都应该以致谢的方式与他人寒暄。

在这样的情景之下，我们常用的致谢语有"谢谢""谢了""非常感谢""十分感谢"等。此外，中国的传统的致谢语还有"有劳你了""难为你了""劳您费心了"等。

4.谦敬式寒暄

当我们面对的是长辈、老师或客人时，一般常用谦敬式的寒暄语，如表达仰慕的有"见到您不胜荣幸""您就是张老师，真是百闻不如一见啊"等；表达拜托的有"请多关照""承蒙关照""拜托"等；表达慰问的有"辛苦了""您受累了""您真不容易"等；表达同情的有"真难为您了""您受苦了"等；表达挂念的有"您现在还好吗""生活愉快吗"等；表达祝福的有"万事如意""一路顺风"等。

在不同的场合，应该根据不同的情形，选择不同的谦敬式寒暄语。比如：初次见面说"久仰"，很久未见用"久违"，等候客人用"恭候"，请人勿送用"留步"，陪伴朋友用"奉陪"，中途先走用"失陪"，请人批评用"指教"，求人原谅用"包涵"，求给方便用"借光"，求人指教用"赐教"，向人道贺用"恭喜"，宾客来访用"光临"，赞赏见解用"高见"，老人年岁用"高寿"，女生年龄用"芳龄"……

在使用谦敬语寒暄时，不仅要注意对象、范围和功效，还应根据不同的情境，针对不同的对象灵活使用，既要彬彬有礼，又要不落俗套，这样才能营造出亲切友好的交际氛围。

5.即景式寒暄

所谓即景式寒暄，就是以当时身边出现的人和事作为寒暄的话题，见机行事，信手拈来。例如，在生日宴会上，你可以说"今天的晚餐很丰盛"；在朋友家中，可以说"这房间布置得很有品位"……最常用的即景话就是"今天的天气真不错"。

在日常生活中，我们还可以根据对方的特点和当时的场景来寻找一些即兴的话题作为寒暄语。例如看到对方正在做什么、正做完什么或将要做什么时，就可以将其作为寒暄的话题。比如："买菜呀？""上课了？""上街呀？""哟，浇花啦？""这么晚才吃饭呀？"……

以对方感兴趣的事作为寒暄语，同样可以起到很好的效果。例如，你知道对方喜欢音乐，不妨先与对方谈谈贝多芬、莫扎特或谈流行歌曲、歌唱家、当红歌星等。只要你对音乐略知一二，你们很快就会找到共同的话题，由寒暄进入攀谈。即便你对音乐不在行也没关系，你可以趁机向对方求教，这样，你既显得谦逊有礼，又可学到一些音乐知识，岂不是两全其美？

当然，即景式寒暄需要我们注意场合。例如，看见对方从洗手间出来，就不能问"解小便啦"，更不要问"吃了吗"等。另外，除非关系特别亲密，也不宜贸然打听对方的私事，如"你们家昨晚又吵架了""听说你最近捞了不少外快"等。这类话题在社交场合是十分忌讳的。

6.攀认式寒暄

攀认式寒暄虽然有点攀亲道故的味道，但也不失为一种聪明的寒暄方式。人与人之间的聊天，实际上就是感情的交流。交流则需要建立在了解的基础之上，只有事先对聊天对象有个大概的了解，在聊天过程中才能抓住对方的心理，达到自己的目的。

每个人都希望他人对自己畅所欲言，但那需要激起对方的聊天欲望，打开对方的"话匣子"。当然，这需要以了解对方为前提。有时候，为了拉近彼此的距离，我们可以以双方的共同点作为寒暄的话题。例如："听说你也是××学校的，说起来我们还是校友呢！""我曾在你的家乡住过好几年，我们也算是半个老乡呢！""你也认识王老师？她是我读三年级时候的班主任！"……这样的攀认式寒暄，使交际的双方很快就能找到相同或相似的地方，增加彼此的亲近感，这就为进一步的深入交谈奠定了基础。

精进技巧

寒暄语可长可短，需要因人、因时、因地而异，通常要简单一些，还要表达出对别人的友好与尊重。寒暄语应当删繁就简，不要过于程式化。此外，寒暄语应带有友好、敬重之意，不容许敷衍了事般地"打哈哈"，也不得戏弄对方。

"开口"总在"思考"后

生活中有许多人说话不经过大脑，想到什么就说什么，看到与自己意见不一的人就要出口讽刺一番，却最终被人反戈一击。所以，只有先动脑想明白再说，才能少出岔子。凡是脱口而出的话语，十句话里面可能有九句半会让自己在事后感到后悔不已。因此，在与人交流的过程中，一定要先"动脑"再"动口"，在"心里话"滚出你的喉咙之前，稍微修饰一下它的棱角，认真把握好说话的分寸，这总比"失言"之后再去"亡羊补牢"要好得多。

小弛新调到一个单位，他很想和同事们搞好关系，所以凡事总是热情主动。

一次，一位同事在家和太太吵架闹离婚。小弛听说后，觉得同是一科室的，又都是年轻人，就主动热情地开导人家说："咳，离就离呗，现在这年月，离婚正常，不离婚不正常。你没听，现在朋友一见面都这样问：'离没？'……"

小弛的话本是半开玩笑的，可那个同事却听出"刺"来，认为小弛是有意对他奚落和嘲讽，因此大发脾气，弄得小弛很尴尬。

这一尴尬的产生就在于小弛没有掌握说话的分寸，对同事的心理等缺乏必要的了解，一厢情愿地"热情主动"，结果说话不中听，让人扫兴不说，还引来误解。

与人相处，说话要讲究分寸，话太少不行。现代社会中，那些少言寡语的人，会被大家看成不合群、不善交往，久而久之，就会被大家所孤立，难以跟别人亲近。不过，话多了也不行，容易让别人反感，而且也容易让别人误解，认为你是个轻浮、不稳重的人，还容易落下个"乌鸦嘴"的名声。那么，我们该怎么把握说话的分寸呢？

1.随时关注对方的反应

与人交谈时，一定要时刻关注对方的反应，看对方是赞成还是不以为然，以便随时调整你的说法。如果发觉对方神情不屑，不愿意多听，那你就应该果断地想办法收尾；如果发觉对方一副乐于接受的表情，那你就应该单刀直入，不要再绕什么圈子了；如果发觉对方一副怀疑的表情，那你就应该多做解释；如果发觉对方有想要插话的意思，那你就应该立即把话语权交给对方，请他发表意见。而对于他的回答，你要特别留神，还要注意其说话的语气。

比如，同样一个"哦"字，就有几种不同的表示："哦"——表示知道了，"哦？"——表示疑问，"哦！"——表示惊讶。再如，对方说"好的，以后再谈吧"，这是在拖延，表示对方不肯接受；"好的，就这么办吧"，这是肯定，表示对方完全接受；"好的，我替你留意"，这是保守的回复，表示对方没有把握；"好的，我替你想办法"，这是肯负几分责任的意思；"好的，等我研究研究再说"，这表示原则上可以同意，而具体办法还需要进一步讨论；"好的，你听我回信"，意味着对方愿意帮忙。

你可以通过细细体会对方的回答，来了解交谈是否成功。不过要注意，那些老于世故的人，往往不会给予直接的表示，这很容易使你误解他的真实意思，需要你仔细辨识。

2.表态时要注意分寸

与人交谈，免不了要对对方的话进行表态，这时你也要注意分寸。你认为可以办到的事情，可以回他"我去试试，不过成不成功我不敢保证"；你觉得他说得对，那就回"很好"或"不错"；你认为他说得不对，那就回"这个问题很难说，毕竟各有各的说法"；你觉得你无法办到，那就回他"这件事太困难了，我恐怕很难办到"。

总之，表态时不要说得太肯定。太肯定的回答，最容易造成不欢而散的结果。任何时候都要给自己留些回旋的余地。如果遇到临时不能决定的事，那你可以说"等我考虑考虑，然后再给你答复"，或者说"等我和那边的人商量之后，再由他们给你答复吧"。

前者是接受与不接受各占一半，后者则多数是婉言拒绝。如果你如此回答了，对方却还唠叨不止，而你又不愿意再听下去，那你也有几个方法可以应付：或者趁他说话的间歇，提起一个新的话题，谈谈别的事情，或者直接就说"好的，今天就谈到这里吧"，然后立刻起身，说声"对不起，再见，再见"，如此他自然就会终止谈话。

3.对不同个性的人，说话不同

由于每个人的个性不同，每个人的底线也会有所不同，这时只有针对他的个性，说有针对性的话，才能与对方交谈愉快。如果对方喜欢研究学问，那你说的话也应该有些深度；如果对方喜欢含蓄委婉，那你说话就不能太过直接；如果对方性格豪爽，那你说话也不要拐弯抹角……如果你的说话方式与对方的个性相符，那自然就能一拍即合。

4.对不同交情的人，说话也不同

光了解对方的个性还不够，说话的时候你还要估量彼此的交情，如果交情还没有达到相当的程度，那么你的说话方式，虽然符合对方的个性，也可能犯下"交浅而言深"的错误。

小齐是个性格直爽的人，他的领导也是个性格直爽的人。有一次，同事觉得薪水低，小齐自告奋勇地去向领导提出加薪的请求。

他一见领导，便开始慷慨陈词："经理，您现在给他们的待遇，不但不合理、不合情，简直是要逼他们走上绝路了。他们死不死，我姑且不问，这对公司真的有好处吗？对你的前途会有好处吗？"

小齐自以为理直气壮，自以为和领导够得上有话直说的交情，谁知领导听了却很不高兴，不但没有采纳他的建议，反而反唇相讥，结果小齐弄得异常没趣。

很显然，这不是话不投机，而是小齐错估了和领导的交情。对不同交情的人，说话也不同。大家应该多多注意，如果是死党，互相认识很多年，彼此都熟悉，那大可随便一些；如果是工作关系、同事关系，在正式场合，一定要记得管住自己的嘴，说话之前要认真想一想。

精进技巧

在与人交流的过程中，一定要先"动脑"再"动口"，要分场合、看对象，讲分寸、讲尺度，这是人际交往中讨人喜欢、获得认同的秘诀。只有掌握了这个秘诀的人，才能在交际场合如鱼得水。

看人说话，与任何人都能谈得来

"见不同的人，说不同的话"是一个沟通的秘诀，在人际交往中之所以行得通，是因为它抓住了人们常以自我为中心的弱点，在语言上让对方得到自我满足，放松防卫意识，并且能使对方因为你的"关心"（对他的客套、亲切）而对你产生好感。

闲聊也好，谈判也好，谋事也好，走到社会上，谁都离不开与人打交道。有人在求人办事时阻碍重重，其中一个重要原因就是与人不合拍、不默契；相反，有人善于解决难题，也在于合拍、默契。在人际交往中，善于"见不同的人，说不同的话"，就能轻松接近对方并和对方建立初步关系，进而轻松达到交谈目的。

小邓是位销售代表，认识他的人，都知道他能说会道。长期在商圈中打拼，他最擅长的就是见不同的人，说不同的话。当他面对正直、诚信的客户时，会很客气地与对方交谈。

小邓说："张总，您好！我是小邓。"

张老板问："你好，好久不见，最近在忙什么？你们公司有什么新的政策？"

小邓说："我们公司最近推出来一个奖励计划，我正想向您汇报这件事呢!"

张老板问:"有好事想到我,那先谢谢你啦,具体是怎么奖励法呢?"

小邓说:"是这样的……"

如果遇到狡猾的客户,他就会用另外一种口气与对方交谈。

小邓问:"刘老板,这么长时间不联系我,最近你溜到哪里去了?"

刘老板说:"你小子为什么不给我打电话呢?我呀,整天忙着给你卖货,赚不到几个钱,整天还累得半死。"

小邓说:"刘老板,你可不要没良心呀,我给你的货,价格比其他销售商都低。"

刘老板问:"真赚不到几个钱,能再低点吗?"

小邓说:"赚不赚钱,大家心里都清楚。你别再耍滑头了,跟你说点正经事儿。"

刘老板问:"什么好事呀?"

小邓说:"最近我们公司推出一个奖励计划,专门奖励你们这些销售商……"

刘老板说:"别说一堆冠冕堂皇的废话了,我关心的是如何奖励,奖励什么。"

小邓说:"急什么急呀,具体情况是这样的……"

从上面这个例子可以看出,小邓面对不同类型的客户,选择了不同的说话方式。当客户是一个绅士时,他就用绅士的方式来对待;当客户喜欢偷奸耍滑时,他就用类似的方式与对方交流,这就是因人而异的说话技巧。

朱元璋做了皇帝后,不断有家乡的朋友来找他,想沾点儿光。但是,由于时间比较久,而且朱元璋现在身份不一样了,所以朱元璋很难判断这些人到底是不是自己的老朋友。

有一天，有一个从乡下来的人说是朱元璋的老朋友。他见到朱元璋之后说："皇上万岁！当年微臣随驾扫荡庐州府，打破罐州城，汤元帅在逃，拿住豆将军，红孩儿当关，多亏菜将军。"

由于常年打仗，朱元璋听这个人说话很顺耳，回想起来，觉得这个人说的事情都很熟悉，心里很高兴，就立刻封他做了大官。

这个消息传到另一个朋友的耳朵里，他想："同样都是一起玩儿的人，他去了既然有官做，我去的话肯定也会有好处的吧？"于是，他也去拜见朱元璋。

刚见到朱元璋，他就急不可待地说："皇上万岁！还记得吗？以前，我们俩都替人家看牛。有一天，我们在芦花荡里，把偷来的豆子放在瓦罐里煮。结果，还没等煮熟，大家就抢着吃，把罐子都打破了，撒下一地的豆子，汤也都泼在泥地上了。你只顾着从地上捡豆子吃，却不小心把红草叶子和豆子一起送进嘴里了。叶子卡在了你喉咙口，难受得你哭笑不得。还是我出的主意，叫你用青菜叶子放在手上一拍一起吞下去，才把红草叶子带下肚子里去了……"

听他说这些话，周围的人都捂着嘴偷偷地笑。朱元璋的面子上挂不住了，虽然清楚地记得他说的这些事，还是非常生气地说："推出去斩了！推出去斩了！"

虽然是同样一件事，第一个人根据朱元璋现在的身份来表述，获得了朱元璋的欢心，做了大官；而第二个人，不看对象，还是把当了皇上的朱元璋当成当年一起玩耍的玩伴来说话，结果丢了性命。

真正的说话高手并不一定任何时候都表现得很健谈，关键是要认清自己的说话对象，根据对方的身份地位、性格特点、交谈喜好等巧妙而适度地表达自己。简单地说，就是要根据对象来决定自己说什么、怎么说，要用对方喜欢的方式说对方喜欢听的话。

在和别人交谈时，不仅要看你说的话是不是适当地表达了自己的想法和感情，还要看对方能不能理解并乐于接受。如果你说的话不符合对方的身份、习惯，甚至让对方听不懂，那么你说得再好对方也不会感兴趣。你需要做的事并不是如何让自己的语言更加流利，而是搞清楚你的话要和谁说。所谓"见不同的人，说不同的话"，也就是说当你和对方交谈的时候，要尽量使用对方认同的语言，说对方熟悉和感兴趣的话题，这样才能赢得对方的好感。

当然，对于较为熟悉的人，比如家人、朋友等，我们已经了解对方的特点，所以很容易话随人变。但是，对于初次相识的人，要想判断对方的特点就不容易了。尤其是对方的身份、职业、文化修养等，必须通过交谈才能了解。这个时候，了解对方的最好办法就是不要急于说什么，而要先倾听，从对方的语言特点以及语言信息中来判断对方的特点，然后在了解对方的基础上再开口，说出符合对方"口味"的话。

一般情况下，话随人变的时候要了解这些信息：一是要弄清楚对方的年龄、性别、文化程度、身份、职业等基本情况；二是要看对方当前的心情、情绪等；三是要看你和对方之间的关系。

比如说，当你和地位较高的人交谈时，态度要尊敬、谦和，不要随意插话，回答问题的时候要简洁适当；而当你和地位较低的人交谈时，一定要庄重、有礼、和蔼，避免出现高高在上的态度。当你和一个正在伤心的人交谈时，不能表现得过于兴奋、高兴；而如果对方此时非常高兴，你就不能说一些扫兴的话。

在与人交谈时，懂得话随人变的说话技巧，不但能表现出你的素质和修养，也能够让对方感受到你对他的尊重和信任。不过，凡事不能太过，见什么人说什么话一定要出于善意，如果表现得太过分，反而会让对方反感。

精进技巧

　　说话要看清对象、因人而异，这是说话的基本要求。人有性别、教养层次、性格、心境、地域、文化背景等的差异。人与人之间的差异有时是惊人的。不同的对象对同一句话会产生不同甚至相反的理解。所以，与不同的人交谈，就要采用不同的说话方式。

把话说到对方的心坎儿里

在交谈过程中，有时候对方温润体贴的语言会让我们如沐春风，感动万分。仔细思考，为何有的言语让我们沮丧不已，而有的言语却能让我们身心温暖呢？而在聊天中，自己的言语带给对方的又是怎样的感觉呢？

相信很多人都希望自己的话语能够拥有温暖人心的力量。表达不仅是语言的交流，更是人们内心的交流。如果能在对话时养成站在对方角度看问题的习惯，时刻体会对方的心情，把话说到对方的心里，那么你一定能够拥有这种力量。

把话说到对方心里之所以能感动人心，就是因为在无形之中，你自觉并悄悄地将谈话人的角色互换，将自己固执的立场转移到对方的立场上，把对方的所作所为、所言所语，当作是自己的来对待。这样一来，你言我语，你倾我诉，对方就能够从你的言语之中得到被尊重与肯定的感受，而你说出来的话就会很容易产生"句句入耳、词词入心"的效果。

柏阳去参加一个聚会，正好看到一位有过几面之缘的企业家坐在一旁若有所思地喝闷酒。

柏阳走过去寒暄了两句，说："既然出来玩儿，就只想开心的事儿，今儿咱哥俩不醉不归！"

企业家举起杯子道："你说得没错，但是我有一批产品出了纰漏，怎么开心得起来？"

柏阳说道："确实，谁遇见这种事儿都会心烦的。"

"这还不算，"企业家接着说，"我那公司的首席设计师跳槽到了对手的公司……"

柏阳听着，附和着，不断为企业家的遭遇感到惋惜和气愤，但是说着说着，企业家反倒情绪好转了一些。他对柏阳说："谢谢你，兄弟！今天和你说这么多，我心里舒服了很多。别为我担心了，所有的一切都会好起来的，到时候咱们哥俩再坐在一起好好聊聊！"

其实整个过程柏阳并没有为企业家提供什么好的建议，他只是付出了一份情感，感受企业家的困难并给予其体谅和尊重。语言的力量有时候是超乎我们想象的，柏阳把话说到对方的心坎儿上，便获得了对方的好感和信赖。

很久以前，大家都还没有用上电的时候，一群年轻的姑娘晚上在一起加工针线活儿，大家平分点灯的油钱。可是有一个姑娘家里很穷，根本出不起油钱，她想抓紧时间多干点活儿，所以就和大家混在一起。大家发现后，经过讨论决定请她离开。

穷姑娘请求大家留下她，说："我因为给不起油钱，每天总是早早赶到这里来打扫好房间，准备好一切东西，这样你们来了就可以直接干活儿了。而我在这里干活儿的时候，大家不会因为我的到来而耗费更多油钱，油灯也不会因为要多照顾我一个人而变暗。可见，我的到来你们并没有什么损失，相反，我还为大家打扫房间、准备东西，你们可以节省更多的时间，这样大家不是都得到好处了吗？为什么就一定要我走呢？"大家听了她的话，想了想，觉得很有道理，便再也没有提过让她离开的事儿。

这个姑娘很会说话，她能够时刻把别人的利益放在首位，然后通过分析，把对双方都有好处的道理讲清楚，最后说服她们改变自己的想法，达到了自己的目的。

把话说到别人心里，在事情发展不利的时候，可以扭转乾坤，达到预期的目的；话说不到别人心里，即便是好的事情也可能会办砸。

娜娜到一家公司已快两年了，工作上颇有成绩。最近听说部门主任离职了，据说副主任将成为主任。公司可能会从他们办公室的几个人里选出一个副主任，于是很多人都开始私下活动，对此娜娜也很有意见，可是却没有办法。

一天，副主任找娜娜聊天："你到公司已快两年了，工作成绩不错，对于这次的人事调动你有什么看法没有？"听到副主任这样说，娜娜一时间也不知道怎么回答，不过想到自己没有什么希望，也只好就自身情况表明自己的态度。她回答："实在不好意思，我虽然来公司两年了，可平时对公司里其他方面的事儿也没太在意，平时只顾着低头干活了，一时也没有什么意见。一直以来，我都认为做好自己的工作最重要。"

领导听了娜娜的话，点了点头，让她回去继续工作。可是让娜娜没有想到的是，半个月后，她竟然被提升成了副主任。

由此可见，如果能够把话说到对方心坎儿里，看似没有把握的事情，也会出现转机。要想把话说到对方心里，就要根据对方的心理去说话，以达到事半功倍的效果。我们要想不伤害对方又能获得好人缘，不仅要善于察言观色，推测他人的心理，更要能够从对方的角度出发，设身处地地替对方考虑，这样一来，双方才可以顺畅交流。

精进技巧

与人交谈，攻心为上，也就是把话说到对方心坎儿里。要想把话说到对方的心坎儿里，必须要了解对方的心理，知道对方心里期待什么，然后组织精准的语言，只有这样才能达到目的。

共同话题才是谈下去的基础

所谓"酒逢知己千杯少,话不投机半句多",讨人喜欢才能让人认可,说话一定要善于使用彼此都感兴趣的话题。"共同点"是产生共鸣的引子,是继续交谈的突破口。

在某档相亲节目中,高大帅气的男嘉宾严先生一下子成了诸多女生心仪的对象。可是,严先生的要求很高,他心目中的女朋友标准并不是以外貌作为前提条件的。很多漂亮女孩都主动跟他搭讪,结果都碰了一鼻子的灰。

这时,一个相貌平平,名叫阿雅的姑娘从容淡定地向严先生说道:"看您说话的语气和举止,肯定是一个说到做到的人。"

严先生接过话茬儿,说道:"我平时的工作很忙,在我的思维里,时间就是金钱,所以我在做任何事情的时候动作都比较快,甚至是说话!"

严先生的话音刚落,阿雅就顺着严先生的话捧了一把,说道:"成功人士都这样,您这样拼命是很累的!"

阿雅的话一下子说进了严先生的心坎儿里,他不好意思地揉了揉眉头说:"的确,现在,公司的确有一些事在困扰着我。"

就这样,严先生立刻被阿雅的细腻和关爱所打动,自内心里一下子喜欢上了这个女孩。两人就这样牵手成功了。

一句不经意的言语，竟然打动了严先生的内心，台下所有的观众发出了一阵惊呼，无不佩服阿雅的谈话技巧。为什么那些漂亮女孩得不到严先生的青睐，最终反而让姿色平平的阿雅占了先机呢？其实，这里面的原因很简单，那就是其他女孩没有找到严先生所关注的或者是感兴趣的话题。如果双方在交流的过程中，连最基本的共同话题都没有，那么在接下来的时间里，又谈何沟通与了解呢？

想要让交谈顺利进行，就应该像阿雅那样，在交谈的时候不要用具体的话发问，而是通过概括或者是模糊的话题激发对方的谈话兴趣。像"以前""您看起来很忙""这样会很辛苦"等，这些谈话的内容都没有涉及具体的人或事，但是对方依旧会顺着这些话题交谈下去，一来二去就会交代出自己所感兴趣的事物，并且会认为对方十分理解他，产生继续交往下去的兴趣。

小红是一家母婴用品公司的销售员。一次，她到一个小区推销产品。她刚走进小区时，发现小区的长椅上坐着一个孕妇和一个老妇人。于是，她假装不经意地问旁边的保安："那两位好像是一对母女吧？她们长得可真像。"

小区保安说："是啊，那位张夫人马上就要生宝宝了，她母亲特意从老家来照顾她的。"

小红听后就走到长椅旁，亲切地提醒孕妇："您不要在这椅子上坐太长时间哦，外面有点凉，而且这椅子又是木头的。您现在可能没什么明显的感觉，但是等到以后生完宝宝就会感觉不舒服了。"说完她又转向老妇人说："现在的年轻人都不太讲究这些，但是有您的照顾就会好多了。"

老妇人抱怨似的说："是啊！我也提醒她说不能老这么在外面坐着，她总是不听我的呢！"

"哪有那么多讲究啊！"年轻的孕妇明显有些不在乎她们说的这些。

"你啊！等你生完孩子就知道要不要讲究这些了！我当初怀你的时候，

也觉得不用讲究那么多,你看现在怎么着?腰酸背痛不说,连抵抗力都降低了。"

小红见机立即接着说:"是啊!不听老人言,吃亏在眼前。老人的话都是经验,我们还是要多听听才好。"

三个人从怀孕聊到生产,又从产后护理和产妇的身体恢复聊到宝宝的照料和营养补充等,聊得非常投机。直到最后,年轻的孕妇才想起来问:"你怎么知道这么多?看你的年龄也不像生过孩子啊!"

小红羞涩地笑了笑说:"我还没结婚呢!不过因为我是做母婴产品的,所以平常对这些知识非常关注,也从很多做了妈妈的客户那里取了不少经。"

"是这样啊!那你具体是做什么样的产品啊?我能用到吗?听你说得这么专业,你们的产品一定也错不了。"

一笔生意就这样谈成了。

无论是熟人还是陌生人,要想使交谈顺利愉快地进行,一个双方都有的共同点,也就是共同话题非常重要。一个好的共同话题,是双方初步交谈的桥梁,倾心细谈的基础,开怀畅谈的开端。一旦双方有了共同话题,就能使谈话更加融洽而顺畅。

上例中的小红在了解到对方的特点之后,从目前对方最关心而双方又都了解的话题入手,打开了对方的心门,使双方的交谈顺利展开;在这个基础上,再说出她们之间的共同点——关注母婴知识,从而打动对方,赢得对方的信任。

虽然她们之间有共同话题,但是如果小红一上来就直接说"我是一家母婴产品公司的销售员,从专业的角度来看,您坐在这样凉的长椅上对您的身体不好",相信效果会完全不一样。对方只会把她当成一个推销母婴产品的销售员,而不会把她当成可以信赖的朋友。

精进技巧

不管任何时候,当你发现自己和对方有某一方面的共同点时,一定要在对方把话说完之后再把你的情况告诉对方。需要注意的是,虽然要慢几拍再说出共同点,但不能拖得太久,否则容易给对方造成你在玩弄阴谋的印象。

与其夸夸其谈，不如沉默寡言

曾国藩是晚清重臣，一次他宴请宾客，饭后大家一起闲聊。他当着客人的面，感慨道："彭玉麟和李鸿章是当今的将才，我的能力比不上他们。"

曾国藩的话音刚落，在座的就有一个人说道："您太谦虚了，您与彭玉麟、李鸿章相比，各有所长，分别在不同的领域了有所建树。"

另一个也抱拳说道："彭玉麟生性威猛，没人敢欺负他。"

接着，又有人说道："李鸿章机灵过人，也没人敢欺负他。"

三个人夸夸其谈，不停地说彭玉麟、李鸿章如何有能力，如何有能耐。曾国藩有点不高兴，微微闭目，说道："诸位说得很在理，不过这是表象而已。"

在座的各位一看曾国藩不高兴了，都不再说话，一时间场面显得颇为尴尬。这时，一位不起眼的后生站起来，走到曾国藩面前，躬身施礼，缓慢地说："大人，您是一位仁德之人，天下之人没有不敬重您的。"

这位后生话音刚落，其他宾客随声附和。曾国藩听后，脸上露出笑意，说："你对我的夸奖有些过分了，我配不上你的夸奖啊！"原来，年轻后生说出了曾国藩想听的话，所以他才高兴。

曾国藩向来将"仁德"作为人生信条，事实也如此，他用一生的时间在践行这一信条。

事后,曾国藩对这位年轻后生念念不忘,经过多方打听,知道此人祖籍扬州,是位秀才,平时行事谨慎、多思、少言。曾国藩很欣赏这位年轻后生,感叹道:"这位后生是位人才,不应该埋没。"

不久,曾国藩出任两江总督,让那个后生担任扬州盐运使,这个人就是后来"两年四级跳"的两湖总督陆徵明。

陆徵明之前的三个人,在曾国藩面前夸夸其谈,非但没能引起曾国藩的赏识,反而令他生厌。陆徵明则不同,他一直沉默寡言,当看到曾国藩有些生气时,他说出了关键的一句话。这句话对曾国藩而言,正是他想听到的,所以就对陆徵明另眼相看。陆徵明也因一句话,成就了自己的仕途。

一个人如果不会表达,无论多么漂亮的话,对方听到后,都会觉得很刺耳。与其令对方反感,不如沉默寡言。

现实生活中,我们通常会犯这样的错误,喜欢将自己摆在重要的位置上,喜欢将自己的故事分享给别人,喜欢喋喋不休地说个没完没了,完全没有注意到对方是否对我们的话题感兴趣。如果对方对我们的话题丝毫不感兴趣,无论怎么说,都毫无意义。

丽娜长得漂亮,又能言善辩,无论出现在什么地方,都会成为焦点。聚会时,不管朋友是否愿意听,她总是把聚会当成个人的演讲会。闺密曾提醒她,公共场所不要夸夸其谈,丽娜不认为这是什么缺点,反而觉得自己的口才很好。

一天,丽娜去一家上市公司面试。由于她很想进入这家公司,便在面试前做了许多功课。面试过程中,丽娜一直保持着兴奋的状态。

面试官问:"你了解我们公司吗?"丽娜立即像背书一样,把公司的基本情况、业务状态、产品性能等一一背了一遍。

面试官听后，显得比较满意，又问："请谈谈你的优点和缺点。"

丽娜像打开了话匣子一样，把自己从小到大所经历过的事情讲了个遍。面试官根本不想听这些陈年旧事，几度试图打断她的话，都被丽娜滔滔不绝的"演讲"挡了回去。一通讲述后，丽娜总算停了下来，面试官语重心长地说："你很能说。"

丽娜以为面试官在表扬她，心里美滋滋的，说："我一直注重锻炼自己的口才。"

最后，面试官说："如果公司录用你，让你从事销售工作，你能胜任吗？"

这正是丽娜的强项，想到这里，她说："没问题，与人打交道是我的优势。"

面试官微微一笑，说："好吧，今天就到这里，回去等通知吧。"

丽娜对自己的表现很满意，觉得一定会成功。可是，让她没有想到的是，她等了一周后，仍然没有等来公司让她上班的消息。丽娜有些坐不住了，就给那家公司打电话，询问面试的结果。

电话的另一头传来她不愿听到的结果："很抱歉，你在与人沟通方面可能存在一些问题，不能胜任我们公司的销售工作。"

丽娜听后，气得差点摔掉手机。"什么破公司，不懂得珍惜人才，还说我沟通有问题！"丽娜愤愤地想。

事实上，丽娜在沟通上确实存在问题。沟通不是把话简单地说出来，而是你说出的话听进对方的耳朵里，继而走进对方的心里。俗话说，"酒逢知己千杯少，话不投机半句多"，说的就是这个道理。如果你说的不是对方想听的话，就算说得再多也是徒劳。丽娜在回答面试官提问时，滔滔不绝、夸夸其谈，根本没有把握住对方问题的重点在哪里，尽管她回答得很多，但都不是对方想听到的。所以，无论她说得多么精彩，都不能得到对方的认可。

在与人交谈的过程中，我们在表达内心想法或回答问题时，一定要把话说到点子上，一定要言之有物，绝对不要夸夸其谈，说些空话或无用的话。与其这样，不如让自己保持沉默，让对方看到你沉稳的一面。

> **精进技巧**
>
> 说得再多，如果没有重点，也是没有效果的。有的时候，一句善意的提醒胜过别人的千言万语，击中要害的一句话比长篇大论反而更具效果。如果一时找不到更为合适的话，不如让自己沉默下来，沉默有时也是很好的表达。

每表达一个观点，就说出一个事实

在朋友圈中，强子是位活跃分子，朋友们组织聚会或活动时总少不了他的身影。侃大山时无论什么样的话题，他都能接得上。他自以为见多识广，知识渊博，但事实并非如此。

有时，朋友说去某个饭店聚餐，他却给大家泼冷水，说："不要去那家，那里的菜不好吃、没特色！"当朋友问他为什么不好吃时，他却哑口无言，回答不出来了。

有时，朋友们在一起讨论某部新的影片，正当大家兴致勃勃时，他却插上一句："这部影片的结局没有一点意思！"大家被他的一句话打断了兴致，纷纷将目光转向他，等待他给予理由。哪知，他却挠挠头，疑惑地问："怎么了，难道我说错了吗？"其中一个朋友说道："每一个人对电影的看法都有所不同，你说结局没有意思，请说出你的观点呀！"听朋友这么一说，强子支支吾吾好一阵子，也没说出个所以然来。

渐渐地，大家都明白了，强子是一个只会信口开河、没有内涵的人。于是，大家便疏远他，再也不想和他一起聊天了。

表达是人的本能之一，发表观点或对某个事情进行评论，是向外界传递自己存在的价值。问题是，许多人都像强子一样，仅仅是表达自己的主观感受，而没有进行深层次的分析或思考，当说出自己的观点及想法时，往往缺少事实依据。这样的表达很难站住脚，更不能服众。

生活中，当你表达出自己的观点，希望征得他人的同意或信服时，必须有证据来佐证你的观点，最好的证据则是已经发生了事实，这样的话，你说出的话才有力度。例如，你说"今天很冷"这是个观点，接下来又说"今天零下10℃"这个事实。面对这样的事实，任何人都会相信"今天很冷"。

事实胜于雄辩，有事实支撑的观点，才不会倒塌；缺少事实的观点，犹若纸老虎，不堪一击。空洞的观点或说教，不但缺少可信度，而且长此以往，会让大家改变对你的看法，认为你是一位说话不过脑子的人。没有人喜欢和一个整天信口开河的人交谈。

张楠是位颇有想法的女孩，她对所有事情都有自己独特的看法。朋友中，一旦有人对某件事情犹豫不决时，都想听听她的看法。张楠很热心，只要她能帮得上忙的，从来不会推脱，而她给出的意见，朋友都非常满意。

林玲想换个新发型，不知是烫卷好还是拉直好，看到卷发女生从身边走过，她就觉得卷发好；看到长发女生从身边走过时，她又觉得长发好。为换发型这件事，林玲纠结了好一阵子。

她把自己的苦恼讲给张楠后，张楠告诉她："烫卷发吧。"

"为什么要烫卷发呢？难道我把头发拉直，留长发不好看吗？"林玲有些不解，问道。

张楠说："留长发当然好，不过我个人认为卷发更适合你。"

林玲问："理由呢？"

张楠说："现在工作了，卷发显得人成熟一些。你的头发那么长，拉直的话，就没有了质感。你看晓红，刚刚烫的卷发，多好看呀！"

林玲接受了张楠的看法，烫了卷发，显得既成熟又有气质。

叶婷交了一个男朋友,本该享受爱情甜蜜的日子,她却高兴不起来,反而表现出很痛苦的样子,原来男友没对她说"我爱你"这三个字。平心而论,叶婷很爱对方,担心失去他,就是因为耳边缺少这三个字,给她造成一种错觉。她错误地认为,男友不爱她,和她在一起是逢场作戏。

张楠知道情况后,安慰道:"你的男友很爱你,不要疑神疑鬼的。"

叶婷却说:"可是我心里总不踏实。"

张楠说:"'我爱你'这三个字固然重要,但对方没有说出口,不能说明他不爱你。你仔细回忆一下,你们交往的过程中,是谁在你半夜发烧时第一时间赶到你身边,陪你去医院?是谁在你生日来临之际,费尽心机给你准备生日晚会?是谁听说你喜欢喝汤,就变着法儿给你煲汤……这些行为足以证明他是真心爱你的。"

听了张楠列出的一大堆"好处"后,叶婷打消了顾虑,不再怀疑男友的真心。事实证明,张楠的话是正确的。

面对林玲的犹豫,如果张楠只说"卷发好",林玲肯定不相信,但她把晓红烫卷发作为依据说明"卷发好",林玲自然就相信了。如果张楠只对叶婷说"你的男友是爱你的",叶婷会更加郁闷,她可能会想:"他爱不爱我,我都不知道,你怎么会知道呢?难道你比我还了解他吗?"但是,张楠把以前叶婷在朋友面前晒出的幸福作为依据,来佐证"你的男友是爱你的"这个观点。通过张楠说出的这些证据,叶婷显然意识到男友是爱自己的。

可见,事实对观点的支撑有多么的重要。缺乏事实的观点是站不住脚的,是苍白无力、不能让人信服的。如果你在说出一个观点的同时说出一个或多个事实,自然就提升了你的说服力。长期把这个好习惯坚持下去,你就会拥有更多的话语权,你的表达就会更加精准,周围的人也会更加信赖你。所以,言之有物不是提一个漂亮的观点就可以了,需要用事实证明观点的正确性。简单来说，"用事实说话"才是表达的根本！

精进技巧

空洞的观点和说教，不但让人觉得你说的话缺少可信度，久而久之，更会让大家对你产生厌烦感。用客观存在的事实来证明自己的观点，不仅能让你的话更有力度，而且能让对方觉得你很沉稳，说话有理有据，进而树立你言之有物的好形象。

快速打动人心，"杀伤力"强的问题就该这样问

奥莉娅娜·法拉奇是一位具有传奇色彩的女记者，有"新闻采访女王"之美誉。采访中，她才思敏捷、言辞犀利，特别是她的"海盗式"提问，往往给人留下深刻的印象。

一次，她采访美国外交家基辛格时，想让基辛格谈对南越的看法，基辛格极力正面回避。于是，有了下面这段经典的对白。

法拉奇问："基辛格博士，假如我现在用枪对着您的太阳穴，命令您在黎德寿和阮文绍之间，选择一个共进晚餐的对象，您该选择谁呢？"

基辛格说："很抱歉，我不能回答你这个敏感的问题。"

法拉奇说："您不回答没关系，我可以替您回答，我想您愿意与黎德寿一起共进晚餐，对吗？"

基辛格说："不、不……不是和谁一起进晚餐的问题，我根本就不想回答你这个问题。"

法拉奇问："既然您不愿意回答，我也不勉强您，您喜欢黎德寿吗？"

基辛格说："他这个人不错，我承认我喜欢。"接着，基辛格谈了对黎德寿的看法。

法拉奇问："至于您与阮文绍的关系，您也可以用像评价黎德寿那样评价

他吗?"

基辛格说:"当然可以,我过去与阮文绍的关系的确很好。过去……"

法拉奇问:"对了,我想起来了。据我了解,过去南越人说您和他相处时,根本不像朋友。您想亲口告诉我,他们的评价是错误的,对吗?"

基辛格说:"有关我和阮文绍的关系,过去和现在的确有所不同。我想说的是,我和阮文绍像盟友一样相互支持。"

采访到此,法拉奇从基辛格那里得到了结果,达到了自己的采访目的。

在这段精彩的对话中,当基辛格不愿正面回答问题时,法拉奇运用假设法提出问题,然后对问题进行合理推导,再层层递进,诱导基辛格发表看法,最终迫使基辛格就南越问题发表了自己的观点。

如果想从对方口中得到自己想要的信息,提问缺乏新意或过于乏味,对方就没有兴趣与你交谈下去。所以说,提问需要技巧,平淡无奇的提问方式,根本起不到任何作用,唯有"杀伤力"强的问题,才能攻入对方的内心。那么,我们要想通过提问达到自己的目的,该如何做呢?

1.开门见山,直接明了

所谓开门见山,就是直接明了地提出一个足以吸引对方注意力的问题。比如,你到一家名企应聘,就可以以这样一个问题抓住面试官的注意力:"对贵公司来说,一年节约10万元以上的成本是不是非常重要?"得到面试官的肯定回答后,你再将自己的水平展现出来:"我研究生阶段的主攻方向就是节能效应,如果我有机会进入贵公司,我的专业技能一定能够为贵公司节约成本。"以这样的方式面试,足以吸引每位面试官,更容易求职成功。

2.攻其不备,乘虚而入

首先要明确自己最终目的是什么,然后通过提问让对方从中做出选择,而不是一上来就表明自己的态度,最后再按照已经准备好的方法进行提问。因为面对突如其来的提问，对方一般是没有准备的，如果再加上亲切、耐心、积极的引导，被拒绝的可能性就非常小。

比如，推销某件商品，千万不要上来就对顾客说："您愿意试一试我们的产品吗？"这样生硬的话语只会让顾客迅速离开。不妨这样问："先生，您好！请问您用过最省电的冰箱吗？"待顾客对你的话题产生兴趣后，再接着说："您可以试试这一款省电冰箱的效果。"然后，你再向其介绍并展示产品的功能。

3.抛出诱饵，顺势而行

运用这个方法最关键的一点就是诱发对方的好奇心，然后再顺势说出下一个问题。但是你提出的问题不能让对方产生反感，也要注意不要让对方识破你的"花招"。

例如，女儿想让妈妈给她买一件衬衣，她可以这样说："妈妈，学校要举行运动会了，您看我有实力竞选班里的领队吗？"妈妈为了鼓励女儿通常都会做出肯定回答，此时女儿就可以说出自己的请求了："可是我还缺少一件适合做领队的衬衣，领队可是代表整个班级的形象呢！"妈妈考虑到现实情况一般会同意女儿的请求。

4.拆分问题，层层深入

这个方法需要将核心问题分解成若干个小问题，而每个问题都具有明确的目的性。当提出的每个问题都按照你预先设想的结果得到肯定回答的时候，你便成功了。这些小问题的设置一定要层层深入，这需要你有清晰的逻辑和准确的判断，能够让对方按照你的思路做出回答。

小叶是一家广告公司的策划，针对公司的一款产品，她做了一个详细的策划案，并提交给了总监。她对总监说："总监，我看了公司最近的报表，我们去年的业绩不如之前的好啊，是吧？"

总监点头说:"嗯,跟前几年相比是有差距。"

小叶问:"您觉得是不是我们的文案缺乏创意,客户看不到我们的变化呢?"

总监说:"是存在这样的问题,会上总经理也提到了这个问题。"

小叶问:"现在策划案很多,那如果是富有创意的策划案,您是不是会优先考虑呢?"

总监说:"当然,充满创意的策划案当然是求之不得的。"

小叶说:"那总监,这个策划案请您过目。"

5.以问答问,避免纠缠

例如,顾客提出疑问:"你们的保险业务有额外费用吗?"面对这样的问题,有的销售员可能会向顾客反复解释,最终反倒越解释越混乱,让对方更加关注费用的问题。此时,销售员不妨这样说:"相较于费用,对于您来说最终的收益是更重要的吧?"这样,只要通过一个简单的反问,就可以避免再在这个问题上纠缠不清了。

> **精进技巧**
>
> 精彩的提问可以扭转被动的局面,把不可能变成可能,从而达到我们提问的目的。要想让自己的提问变得精彩,富有吸引力,平时需要多积累知识,多开阔思路,遇事多在心中打个问号。

第七章

方法对了,一开口你就与众不同

人内心的想法是通过语言表达出来的。表达的方式多种多样,无论如何去表达,一定要注重方法。方法对了,说出的话对方自然就乐意听;如果不注意表达方式,很容易会出现祸从口出的情况,这样既伤人又伤己。

道歉有诀窍，别人想不原谅你都难

当你说错话时，采取什么态度非常重要。直接承认错误会显得没诚意，含蓄地承认错误又怕对方不能领会，看来承认错误也需要技巧。每个人都有做错事的时候，我们应该学会道歉。古今中外，关于道歉的故事很多，最知名的道歉故事要数"负荆请罪"了。

蔺相如为赵国保住了和氏璧，又在渑池大会上为赵王挽回了面子，深得赵王的赏识。从渑池回到赵国之后，赵惠文王便封蔺相如为上卿，地位在赵国大将军廉颇之上，这引起了廉颇的不满。

廉颇愤愤不平地说道："我是赵国的将军，为赵国奋战沙场，出生入死，立下了汗马功劳。蔺相如只不过是靠着能说会道，占了口舌的便宜罢了。但是，现在他的地位竟然超过了我。特别是处在这样一个出身卑贱的人之下，使我感到无比的羞辱。如果我遇见了蔺相如，一定要好好地羞辱他一番，出一出这口恶气！"

蔺相如知道这件事之后，深知如果与廉颇闹翻了，将对赵国的政局稳定产生十分不良的后果，所以他常常告诫自己的家人和门客不要去招惹廉颇，自己也尽量避免与廉颇见面。每到上朝的时候，蔺相如便推说身体不适，避免与廉颇在座次尊卑上发生争执，使两人的矛盾激化。

可躲避毕竟不是长久之计，躲过初一却躲不过十五。没过多久，蔺相如带着家人外出，刚刚上路不远，便远远看见廉颇的车队迎头而来，旗帜飘扬，战马扬尘，好不威风。蔺相如见状，连忙下令手下人，调转车队回驰，以避免与廉颇发生冲突。

可是手下人不干了，几天来的躲躲藏藏早已使他们感到不理解和窝火。蔺相如就问他们："你们看，廉将军和秦王相比，谁更有威严？"

家臣们回答："当然是秦王更威严。"

蔺相如说："像秦王那样的威严，我也敢在朝堂上大声呵斥他，难道我还会害怕廉将军？我只是考虑到，强大的秦国之所以不敢侵犯赵国，主要是因为有我们两人在。如果我们两个闹矛盾，就好像是两虎相争，必然两伤。我处处避免与廉将军冲突，并不是怕他，而是从国家大局着想，把私人恩怨放在后面。"

廉颇听说了这些话，顿感惭愧。他袒露上身，背上荆条，到蔺相如家里请罪。一见到蔺相如，他就惭愧万分地说："我这个浅薄小人，不了解蔺公胸怀的宽阔啊！"两人终于和好，结成了至死不渝的朋友。

无独有偶，国外也有一个很有趣的道歉故事，主人公可是一位鼎鼎大名的英国政治家。

比弗布鲁克男爵是第二次世界大战时英国重要的内阁成员，他一向仗义执言，对政治和时事从不隐瞒自己的观点，这当然免不了给他带来一些尴尬和不快。

有一天，比弗布鲁克男爵在"伦敦俱乐部"的厕所里碰到了爱德华·希思，当时希思还是下院的年轻议员。比弗布鲁克觉得很尴尬，因为几天前，他曾在报上攻击过希思。他很不好意思地对希思说："亲爱的年轻人，我想那件事就让它过去吧。那是我的过错，现在我向你道歉。"

"谢谢啦，"希思咕哝着说，"不过下一次，我希望你在厕所里攻击我，而在报纸上向我道歉。"

两则道歉的故事说明了一个道理，那就是，道歉要讲究方法，如果不讲究方法，想让别人原谅你并不容易。道歉有诀窍，掌握好道歉的学问，才能打破交际障碍，才能让你在交际圈中如鱼得水、左右逢源。

发自内心的道歉不但可以弥补破裂的关系，还可以增进相互之间的感情。但是，道歉这种事，说起来容易做起来难呀！有时候碍于面子，想说出"对不起""我错了"等认错的话，还真不容易。比如夫妻之间吵架了，两个人谁都不肯先说"对不起"，即使知道自己错了，也不肯低头认错。其实，这时候你不妨买一束鲜花送给爱人，或者买一件小礼物放在餐桌上或爱人的枕头底下，以表明自己的悔意；或者找机会和爱人来个拥抱，传情达意。

当你觉得自己做的事、说的话伤害了对方，请对方吃顿饭也不失为道歉的好方法。可能平时你不好意思把道歉的话说出口，借着饭桌上的气氛说道歉的话会容易一些，对方也容易接受。

自己如果真的错了，就应该勇敢承认，你可以先赞美一下对方，当然这种赞美最好带有一些调侃的成分，例如可以说"您大人不记小人过，宰相肚里能撑船"等，再配上一些滑稽的动作或表情，对方可能被你逗笑了，也就不会追究你的错误了。

当你的错误对一个人造成伤害时，对方的内心一定很压抑，你应该给他一个发泄的机会。你可以说："你骂我几句好了，或者你打我吧，千万不能憋在心里呀！"当然了，对方是不会骂你、打你的。你这么一说，他心中的怒气就已经减少很多了；你再说几句好话，对方就会消气了。

有些事情很难挽回，这时候你就要尽全力试着弥补。另一种补偿方式就是要确保你以后绝不会再犯同样的错误，这有时也是一种很有效的补救方式。

你不妨询问对方："我还能够做些什么来挽回你对我的信任？""你能否帮我想一些能让我不再犯同样错误的措施？""还能做些什么来改善现在的状况？""还有没有更好的办法来解决？"对方看你态度诚恳，一般也就会原谅你了。

> **精进技巧**
>
> 道歉之所以重要，是因为首先可以修补破损的人际关系，其次可以挽回冒犯者的威信。但凡发生冒犯的事情，总会有人对冒犯者产生担忧和疑虑，甚至会怀疑他的人品。有效的道歉能使人们相信冒犯者已经意识到这是一种无礼行为，以后可能不会再发生了。

间接的批评，对方更容易接受

批评往往具有否定性，极易造成对方心理上的排斥，激发对方的逆反心理，从而影响批评的效果，甚至比不作为更糟糕。我们可以试着用委婉的方式批评他人，虽然不能完全抵消对方心理上的抵触，却因为给对方留了面子，而更容易令对方认可和接受。

一家建筑公司的安全检查员，他的职责是督促工地上的工人戴好安全帽。刚开始，当他发现有不戴安全帽的工人时，立即会很严肃地批评工人，并要他们马上戴好安全帽。结果，被批评的工人很不高兴，等他一离开，就马上脱下安全帽表示反抗。后来，安全检查员改变了方式，当他遇见有工人不戴安全帽时，就问是不是帽子戴起来不舒服，或是帽子的大小不合适，并且用愉快的声调提醒工人，戴好安全帽是很重要的，最后要求工人在工作时最好戴上安全帽。结果，工人很乐意地戴上了安全帽。

要想使批评收到预期效果，首先就得让对方听进去。显然，那种不顾对方感受，任由自己真理在握、义正词严的批评方式，是无法实现这一目的的。所以，间接批评不仅是出于照顾对方的自尊心，更重要的是，它能实现我们想得到的预期效果。

某高中的张老师听说学生小李要举办豪华的生日宴会，于是问他："小李,你的生日派对准备怎么办呢?"

小李说:"我家里要给我好好办一场,因为我是独生子,我们全家都特别疼我。"

张老师说道:"哦,我们全班同学都是独生子。"

在这里,张老师用隐语暗示小李,大家都是独生子,但是不能因此就铺张浪费。

"金无足赤,人无完人",是人就可能犯错误。其实,任何有上进心的人都不愿意犯错。在批评一个人时,我们的目的是为了帮助对方,而不是为了贬低对方的品格,因此批评要适可而止,要给对方留有余地和情面,这会让对方感谢我们的宽容。

有一个小女孩一心贪玩,居然把她的小狗豆豆带进了一家严禁携带小狗入内的商场。小女孩只顾与她的豆豆玩耍,一点儿也不知道这里的规矩。她上到二楼突然看到墙上"严禁携带小狗入内"的警示牌,这才发现小狗已没地方藏。她很着急,便赶紧乖乖地站好,一边紧搂着豆豆,一边看着迎面走来的商场保安,等待着"狂风暴雨"。然而,保安不仅没有生气,还笑眯眯地看了看她,问:"多么可爱的小狗,它叫什么名字?"小女孩轻轻回答:"它叫豆豆。"那位保安摸了摸小狗的头,说:"亲爱的豆豆,你怎么糊涂了?我们这儿是不准小狗带小女孩进来的,但既然来了也就不难为你了,请离开时记住,千万别忘了带走你身边的这位小姑娘哦。"

这是多么艺术的劝告,又是多么艺术的批评啊!保安的这段话,定然会给小女孩留下深刻的印象。此事让我们知道,原来批评的语言可以是苦的,也可以是甜的。艺术的批评不但可以让他人愉快地接受,而且还能给他人留下深刻的印象。那么,怎样措辞才能使批评言曲而意明,委婉而更容易被人接受呢?

1.旁敲侧击

不要急于说出自己的目的，而用旁敲侧击的方式告诉对方，其实是他自己的做法出了问题或哪方面没有考虑周到。对方一旦明白过来，就很容易接受这种委婉的批评。比如，在《晏子谏杀烛邹》的故事中，烛邹养鸟不小心放走了鸟，齐景公大怒下想杀掉他，而晏子却说烛邹有三大罪状：弄丢鸟、让国君因鸟杀人、致使诸侯才士误会国君重鸟轻人。晏子委婉提醒并批评景公杀烛邹会影响自己的声誉，既消除了国君的盛怒，又达到了让君主明辨是非的目的。

2.委婉建议

如果常常用肯定的语气斥责他人，诸如"你不应该这样做""你不要做这件事""这样做真是一团混乱"，极可能使对方恼羞成怒并将错就错。如果能用委婉一些的方式，比如"你是否可以考虑这样做""你认为这样做可以吗""你认为这样怎么样""也许我们这样做，会比较好一点""我听某某说，你觉得这样做很好，我也觉得很高明"，并把"这样"修改成自己的建议，让对方觉得这个高明的方法出自他自己的意愿。这样委婉含蓄的批评、建议方式，维护了他人的自尊，自然更容易被接受。

3.赞美暖身

在批评别人之前，不妨先说一些赞美的话给对方暖暖身，比如"我很欣赏你这次的工作表现，尤其是这次特别的促销方式，是一大亮点"，然后再建议改正："如果能稍微控制一下局面，将货物摆放得有条理一些，效果会更好一点。"用赞美欣赏暖身的禁忌是"但是"一词，千万不要用"但是"，否则会让对方的心情一下子凉下来。泼冷水是最忌讳的批评之策。表达出你对他的欣赏和赞美之后，给对方一些吸收的时间，再用建议的方式提出批评，会好很多。

4.影射批评

某些具有批评意义的寓言、小故事,都能够用来委婉地批评、劝谏他人,而不引起对方的反感。当然,你也可以现编一些类似的小故事或通过其他人的事来委婉地告诫对方。

> **精进技巧**
>
> 批评的目的是为了让人认识到自己的错误,而不是对其"赶尽杀绝"。事实证明,选择恰当的力度进行批评对优化批评效果是很有帮助的。即便批评的目的与内容都正确,倘若只是一味不当地批评,也势必会产生负面效应。

找准反驳的时机进行反击

美国前总统罗斯福刚刚任职时,遭到很多人的攻击,其中攻击他最为厉害的要数亨利·门肯。

在一次大会上,政治人物云集,新闻记者在会场内外忙个不停。很快,轮到罗斯福演讲了。他清了清喉咙,面带微笑地说:"各位先生女士,我的朋友亨利……"

听到这样的开场白,亨利·门肯显然吃惊不小。接着,罗斯福竟然大肆谩骂美国的新闻界,批评新闻记者的无知、愚昧与自大。在场记者听到罗斯福的指责后面面相觑,感到莫名其妙。不过,听着听着,记者们便心领神会了,原来罗斯福所讲的,正是亨利·门肯在《美国新闻界》一文中所写的内容。

说话不但要掌握火候还要抓住时机,如果能够在别人有意刁难的情况下,运用精妙的语言不失身份地反击,那么就说明说话的水平已经达到炉火纯青的地步了。

1800年,美国人约翰·亚当斯参加了总统竞选。当时,一个共和党人煞有介事地指控他曾委派如今的竞选伙伴平尼克将军到英国去挑选四个美女做情妇,并把其中两个送给平尼克将军作为报酬,另外两个则留给自己享用。

当时,约翰·亚当斯如此说道:"假如真是这样的话,那么平尼克将军一定是瞒过了我,把四个美女全都独吞了!"周围的人听后,都哈哈大笑起来。

其实,这种花边新闻对于一个参加总统竞选的人来说,无疑是一个致命伤。但是亚当斯灵机一动,和大家开了个小玩笑,不但缓解了尴尬的气氛,还巧妙地告诉众人自己对此事毫不知晓,无疑是有人在造谣。这样,一个本来严肃的问题就变成了一个笑话。这让人不得不钦佩亚当斯的说话技巧。

很多人相信沉默是金,但有时沉默不一定是金,面对那些不怀好意者时,如果你总是沉默,不反唇相讥,还以颜色,就会遭到诬陷和羞辱。

一个机敏的说话高手,总是能够在任何情况下保持清醒的头脑,一旦战机出现,便迅速做出反应,使对方陷于被动。巧捕战机,需要我们具有非凡的洞察力。有利的战机可以从以下几个方面来捕捉:

1.对方表达上的错误

凡用语言把思想"表之于外,达及他人"的,就叫表达,辩论也是表达思想的一种形式。在紧张的辩论中,对方往往会出现"急不择语"或"择语不慎"的情况。对方表达上的失误,正是反击的好机会。

前苏联诗人马雅可夫斯基喜欢在公众集会上朗诵自己的诗歌。他也常常收到很多小纸条,有表示支持和欢迎的,有提出问题的,也有无理攻击和辱骂的。有一次,马雅可夫斯基接到这样一张纸条:"马雅可夫斯基,你自以为你是一个无产阶级集体主义的诗人,而你的诗却时常写'我''我''我',这说明什么?"

马雅可夫斯基当众读出纸条内容,略加思索,反驳说:"哦,你以为尼古拉第二是一个集体主义者吗?他时常说:'我们'尼古拉第二……可见,不能在任何场合都说'我们',譬如,你向姑娘表白爱情时,难道你会对她说'我们爱你'吗?如果这样,那她只好反问:'你们有几个呀!'重要的是,你们要永远记住:'我'是一位苏联公民。还有,为什么说我讲到自己或以自己的名义讲话时,也就是代表着你们呢?因为我首先认为,我已把我的笔,献给了今天的时代,今天的现实和它的勤务员——苏联!"

马雅可夫斯基痛快淋漓、十分风趣地批驳对方表达上的错误,使对方无言以答。

2.对方认识上的错误

大千世界,芸芸众生,由于各种各样的原因,人们不可能思想统一、认识一致。这种认识上的差异,在论辩中的表现便是激烈的思想交锋,因此利用认识上的失误进行反驳是一个重要的手段。

泾渭分明的立场,大义凛然的雄辩,可有力地批驳无端的指控和诬蔑,将对方逼入死角。胜利的关键在于巧妙地捕捉对方认识上的错误,进行有力地反击,彻底击溃对手。

3.对方逻辑上的错误

人的思维是客观世界的反映,客观世界的发展是有其自身规律的。我们无论是写文章还是发表演说,或争论问题,都离不开逻辑推理。因此,捕捉对方逻辑上的错误,也可找到进攻的良机。

一天,小晔和他的好友小琳一起咏读千古名篇《滕王阁序》,当他们读到"落霞与孤鹜齐飞,秋水共长天一色"的时候,禁不住拍案叫绝。后来,小琳叹惜说:"王勃这样的一代才子,可惜20来岁就遇难了,智力早熟的人都会早亡的啊!"

"怎么,智力早熟的人都是早亡的?"小晔颇有怀疑地问道。

"是的,所有智力早熟的人都会早亡的。"小琳再次肯定地回答。

"不对,很多智力早熟的人就不是早亡的。例如,比王勃不过晚100多年的白居易,5岁能作诗,9岁就通声律,却活到了74岁。控制论的创始人诺伯特·维纳,10岁入大学,14岁就毕业于哈佛大学,也活到了70岁。他们不都是智力早熟的人吗？但他们并不都是早亡的呀！"小晔为自己的论点进行着论证。

在事实面前，小琳承认了自己观点的错误。他的逻辑错误是显而易见的，即大前提"智力早熟的人都早亡"是假的，导致了整个推理的错误——智力早熟与早亡并无必然联系。

一位学者曾经说过，在现代人的活动中，构成伟大的要素有二：能力与敏捷。前者往往是后者的产物。从某种的意义上说，善于捕捉反驳的战机，是雄辩者思维敏捷的重要体现。谁能在辩论过程中及时捕捉到对方的错误进行反驳，谁就能在辩论中获得胜利。

精进技巧

语言反击的度是反驳有效性的决定性因素。反驳时，应按照自己对环境的敏锐判断，明确自己的优势和劣势，准确把握该说什么、怎样说、说到什么程度。也就是说，应根据对语言出口后可能产生的后果的准确预测，确定自己的语言界限。

用"礼"敲开对方的心门

凡事都讲究一个"礼"字，说话同样以"礼"为先，这里说的"礼"主要指礼貌。同他人说话时讲礼貌，才能给他人留下好印象，也才能为说话营造一个和谐的氛围。

生活中，我们被他人拒绝、排斥，很多时候都是因为没有以"礼"为出发点来讲话。一般来说，没有人会把一个讲礼貌的人拒之门外。所以，当你觉得别人不愿意打开话匣子和你交谈时，不妨用礼貌去打动他。要知道，说话先从礼貌开始，定能有不一样的收获。

有个年轻人在山里迷了路。正当他彷徨无助的时候，他看到一位放牛的老大爷正在大树下睡午觉。他用草帽遮着脸，很显然不想让人打扰他休息。但是年轻人心里很着急，于是走到老大爷身边，轻声地叫着："大爷，大爷！"

老大爷从睡梦中醒来，看着这个扰他美梦的年轻人，很生气，开口就说："真不懂事，没看见我正在睡觉吗？我现在心情很不好，不管你有什么事，都给我走远一点！"说完，他继续闭目养神。

年轻人听完，什么话也没有说，安静地等在一旁。

不久之后，老大爷睁开眼睛，轻轻地咳了一声。年轻人笑呵呵地走了过去，很有礼貌地对老大爷说："大爷，刚刚打扰了您休息，非常抱歉！我迷路了,不知道怎么出山,您能告诉我吗?"

老大爷看对方那么有礼貌,想到刚刚自己的无礼,有些羞赧地说:"年轻人,别介意啊!我老人家没睡够脾气就会不好,就容易发火。我现在也正要下山,你跟着我一起走吧。"

一开始,年轻人不讲"礼",得到的是老大爷愤怒的拒绝。之后,他采用迂回战术,彬彬有礼,这才打动了那个固执的老人,得到了对方的友好对待以及帮助。试想一下,如果第一次遭到拒绝之后,年轻人直接与对方争论,而不是礼貌地等在一边,没有在老人醒后礼貌地道歉,结局又会怎样?说不定老人会对他视而不见,丢他一个人在山里徘徊。

从这个事例中,我们就能看到礼貌的重要性。生活中,我们也不妨学学这位年轻人,无论说什么,不妨都先从礼貌做起,用礼貌去打开对方的心门,这样方能更多地被接受,更少地被拒绝。

从"礼"开始,是放之四海皆准的说话准则,在国外也同样如此。

约翰是一名记者,一次杂志社派他去采访一位知名作家。在去之前,他就听说这位作家从来不接受任何媒体的采访,因此他做好了思想准备。

约翰来到作家的门前,叩响了作家的大门。仆人觉得约翰很面熟,很热情地为他打开了大门,而约翰则真诚地对仆人说了声"谢谢"。他们走进客厅时,作家正在埋头写作。约翰安静地等在一旁,没有发出一点儿声响,更没有打扰作家的意思。

过了很久,作家抬起头来看到约翰,感到非常惊奇。约翰赶紧站起来,很有礼貌地说:"我是一名记者,非常抱歉,我没有跟您预约就来打扰您。我知道我有些冒昧,可能给您带来了一些困扰。在这里,我真诚地向您道歉。"

作家听完,也不好意思像拒绝其他记者一样赶他出去,但还是没给他什么回应。约翰知道自己已经取得一点儿进步了,他接着说:"我一直很喜欢阅读您的作品，也一直关注您的新书。我这次来是想跟您讨论一下您的新书，不知道您能否给我这样一个机会？"

作家很喜欢约翰彬彬有礼的态度，又听到对方说要谈谈自己的新书，一下子有了谈话的兴趣。后来，约翰顺利完成了这次采访。

在别人看来，约翰的这次采访是很难完成的任务，但约翰却轻而易举地完成了。为什么呢？原因就在于他深谙说话之道，先用"礼"来获得对方的好感，然后再巧妙地把话题转移到自己想要谈论的话题上。

精进技巧

生活中，当别人排斥与你交谈时，不妨先从礼貌做起，用礼貌赢得别人的好感，树立自己良好的形象。相信，接下来事情会顺利很多。当然，做到礼貌待人，需要我们平时养成好习惯，时刻将礼貌用语挂在嘴边。

用真诚护航，交谈才能继续下去

有一位教师，编写了一本书，出版社希望他自己进行推销。对于一个教师来说，进行书籍的推销比讲课困难多了。但是，为了完成任务，他又不得不逼着自己这么做。于是，他决定进行一次演讲。

很快，他召集了所有的学生，尝试着进行一次令他不安的演讲。一开口，他就说道："一个老师，在学生面前推销自己的书，未免有点尴尬。不过，时局艰难，即使是写了书，还要自己卖书。出版社请我推销，没办法，不推销是不行了。书到底写得怎么样呢？作为作者，我是无法去评判的。不过，我必须得说明两点：一，这本书耗费了三年时间，是我近期思想的结晶；二，这本书是我个人的思考成果，绝不是简单拼凑或应付了事。"

接着，教师又说道："说句老实话，推销确实比写书难，没办法，只好请大家帮忙。不过，请大家自愿购买，不强迫。如果你觉得能获得知识，并且也有购买能力，正好可以帮我一个忙。"

令人意想不到的是，演讲取得了很好的效果——迅速卖掉了400多本书。

尽管这名教师不是专业的推销员，却取得了成功。从实际效果来看，这与他真诚的沟通，成功获得了学生的信任密不可分。这个事例说明，在讲话时，真诚比任何的技巧都要实用。

那么，在我们在谈话中，真诚能起到怎样的作用呢？

1.真诚地沟通，才能获得别人的真诚

与人谈话，不表现出真诚，绝不可能得到别人的真诚。不管是精神上还是物质上，最终的结果都是不平衡的。在社会上，有人充分利用谈话的技巧，获得对方的信任，从而获取非法利益。有的时候，心怀诡计的人会装作正人君子，表现出心口如一的样子，企图欺骗别人。但是，虚伪的东西经不起推敲，一出口，马上就会被识破。在谈话过程中，只有真诚才能获得想要的回报。

2.说话真诚，才能获得别人的信任

晏殊是北宋一位著名的词人。14岁殿试时，真宗出了一道题目，晏殊看了之后说道："这个题目我刚刚做过，印象还很深刻，可以再出一个题目。"真宗被晏殊这种真诚的态度所打动，当即赐他为"进士"。

在任职期间，假日的时候，不少官员都外出游玩，只有晏殊待在家里读书写文章。有一次，真宗想让晏殊担任东宫的官员。有的大臣表示反对，真宗说道："晏殊是一个非常好学的人，别人在玩乐，他还有心学习，是非常合适的人选。"

晏殊叩谢圣恩后，说道："其实，我也是一个喜欢玩乐的人，但是家里穷，没有钱，只好待在家里读书写字。"

听完晏殊的话之后，真宗对他更加信任了。

真诚是打开信任大门的钥匙。真诚的谈话，可以迅速引起对方的注意，为下一步的谈话打下坚实的基础。

3.真诚的话语，可拨动他人的心弦

与别人说话，是一个信息交换的过程。想要增加自己的说话魅力与信心，与表达流畅、自然等因素无关，完全看谈话双方的真诚度。

在生活中，即使是慷慨激昂的长篇大论，有时也很难引起别人的注意；而有的时候，寥寥数语，却能造成轰动性的效果。究其缘由，就在于谈话是否出于真诚。只有真诚的谈话，才能打动人心，才能拨动别人的心弦。

在现实生活中，只有真诚的话语才能迅速引起人们的注意，产生惊艳全场的效果。真诚的话语难能可贵，可以在最短时间内赢得人们的关注与信任。

精进技巧

滔滔不绝并不能引起对方的兴趣，反而会让对方反感。只有说话真诚的人，才能赢得别人的信任，才能和对方建立良好的人际关系。而只有获得对方的信任，对方才会与你敞开心扉交流。

语重心长不如一开口就加点儿"糖"

英国记者兼探险家亨利·莫顿·斯坦利,在纽约市莲花俱乐部为他举办的庆祝会上,发表了一篇演讲。他的开场白一下子把听众们带入了回忆当中。

主席先生,莲花俱乐部的先生们:

在今天这个时刻,为了表达我心中的情感,不妨从许多需要加以阐发的原则和思想开始。可以说,我身边的人早在我孩提时代就已闻名遐迩了。记得我还是个无名小卒时,曾被坐在对面的老友乔治·阿尔弗雷德·汤申德派去报道一次演讲会。他当时讲话的气派依旧历历在目。他说,伽利略说'地球在转动',地球确实在旋转,在圣路易斯商业会堂的讲台上,一件重要的事发生了。另有一次让我务必抛头露面的重大场合是到桑威奇群岛聆听马克·吐温的演讲,我也是被派去做报道的。当我朝我的左边看时,看见了安德森上校,他那面容使我觉得贝内特已经收到了几份电报,正准备派我到某一可怕的地区去执行某种紧急使命。

斯坦利一开口就给几位重要人物戴高帽,不仅逗乐了在场听众,也让几位当事人很受用。虽然演讲的内容与这些人并没有太大关系,但斯坦利通过这种方式让听众们迅速融入自己营造的情境当中,这为接下来的精彩演说打好了基础。

在日常生活中,每个人都可能用语重心长的语气来表达自己的观点。语重心长的说话方式，往往用于涉及是非原则的话题，让说者与听者都不得不认真严肃地对待。但有时这种说话方式未必效果好。如果能在开场白中加点儿"糖"，也许能让听者更加肃然起敬。

很久以前，有一位老人从某地出差到广州。他在街边的小摊上买了几件衣服。卖衣服的女小贩无意中发现老人的钱包里有当时很罕见的几百元"外汇券"，一时起了贪念，就趁老人没注意，将其藏在衣服堆里。

老人准备离开时一摸口袋，发现钱包失窃了。他注意到此时小摊上只有自己与摊主两人，便猜到是女小贩拿走了自己的钱包。当他客气地提及此事时，女小贩顿时翻脸："什么，你说我偷了你的钱包？那你就去报警，让警察来搜啊！"

老人知道自己只要一离开小摊，钱包就会被对方转移，到时候就算警察来了，也找不到。倘若与她硬起冲突，自己一个外地人会陷入被动。于是，他决定自己说服对方。

老人笑着说："我也没说是你偷走了我的钱包，是不是刚才咱俩忙中出错，不小心把钱包混到衣服堆里去了？你可以帮我找找吗？"老人一开口就给女小贩准备了台阶下。假如女小贩顺势承认"忙中出错"，就可以从衣服堆里拿出钱包，而老人就当没有发生过这件事。

女小贩的心里有点儿犹豫。老人耐心等街上只剩两人时，压低声音道："小姑娘，我今天一下子就照顾了你五六十元钱的生意，你怎么可以这样对我？我看你还年轻，在这个热闹的地方摆摊做生意，一个月收入应该也有几百上千了吧？做生意的人，信誉最要紧呀！"

老人的第二次开口，既有恳求，又有开导，还包含了暗示。女小贩低头沉默，头脑中正在进行着激烈的思想斗争。

老人趁热打铁道："朋友们从几千里外的新疆托我到广州买东西，他们好不容易才凑了几百元外汇券，要是弄丢了的话，让我怎么向他们交代啊？如果是赔人民币还好说，外汇券叫我上哪找去啊？小姑娘，你就帮我仔细找找吧。"

女小贩终于开口说："那，我给您找找看？"

老人笑着说："我就知道你一定会帮我这个忙的。"果然，对方在衣服堆里翻了一阵子，"找"出了老人的钱包，满脸通红地递给了他。老人也不再计较此事。

这位老人十分机智，抓住了女小贩一时见利忘义的侥幸心理。他一开口就没把话说死，再开口时又给对方留了台阶，没有把对方逼到绝路上。这使得这位差点沦为小偷的女小贩经过激烈的思想斗争后，选择就坡下驴，最终让事情圆满解决。老人那句"我就知道你一定会帮我这个忙的"，呼应了开场白中的"你可以帮我找找吗"，可谓点睛之笔。

由此可见，语重心长的说教，不如一开口就给对方点儿"糖"。让对方的戒备心理与对抗心理荡然无存，才能更好地进行教育。

精进技巧

在日常生活中，每个人都可能用语重心长的语气来表达自己的观点。语重心长的说话方式，往往用于涉及是非原则的话题，让说者与听者都不得不认真严肃地对待。但有时这种说话方式未必效果好。如果能在开场白中加点儿"糖"，也许能让听者更加受用。

懂得暗示，既不伤人又不伤己

英国学者帕默尔曾经说过："语言是众多暗示勾连起来的，听者必须从暗示的句词中构拟出倾诉者的真实意图。对方表达出的暗示有的明显，有的隐晦，各不相同。"

暗示是一种非常好的沟通方式，它不仅可以委婉含蓄地表达出自己的真实意图，最重要的是可以不伤及人的自尊心，如果运用得当，必然可以起到事半功倍的交流作用。

有一次，秀文家里来了客人，对方坐在客厅里一直聊，无意离去。秀文还有其他事情要做，屡次暗示客人，但是那位客人却"执迷不悟"。秀文无奈之下心生一计，对对方说："我家的菊花开得正旺，我们到园子里去看看？"

客人欣然而起，跟着秀文到花园里观赏菊花。看完后，秀文趁机说："还去坐坐吗？"

客人看看天色，恍然大悟地说："不了，不了，我该回家了，要不就错过末班车了。"

这种情况下，如果秀文直接表明自己有其他事情要做，可能会伤了感情，而用含蓄的话暗示客人就可以收到满意的效果。

董先生创办了一个服装厂，很多邻居都成了他的员工，这解决了服装厂的人员问题，但也带来了管理上的麻烦。大家都是熟人，有的人甚至是董先生的长辈，因此直接按照上下级的关系进行管理，必然会让众人很难接受。

一天，董先生到车间视察，发现几名机器维修人员在抽烟。但他们的头顶处就悬着一块"禁止吸烟"的牌子。这让董先生十分生气，于是他快步走到几人面前，准备呵斥一番。但到了近前他才发现，这几个人不是别人，正是他的几位叔叔伯伯，直接训斥必然会伤害对方的自尊，危及大家的感情，但又不能放任他们在这里抽烟。

董先生思索片刻，想到一个办法。他笑着从兜里掏出了名牌香烟，先一人分了一根，然后以后辈的语气对几个人说道："各位叔叔伯伯，咱们到外面抽烟去吧，要不然大伙非失业不可啊！"

几人听后，顿时一怔，随后满脸羞愧。他们意识到自己违反了厂里的规定，但老板没有直接批评他们，给足了他们面子。于是，他们自觉地走到外面去了。从此之后，车间里再也没有出过这种事情。他们不仅不在车间抽烟了，还自觉担负起维护车间安全的责任，制止其他人在车间里抽烟。

任何人都会犯错，但如果我们看到别人犯错便横加指责，可能只会招来对方的反感；如果利用巧妙的暗示，含蓄地提醒对方，那么必然可以让对方意识到自己所犯的错误，并主动改正，同时还能不伤感情。

人们常说喜欢坦率、直接的人，但是没有人愿意受到伤害，尤其是被"无心"的真话伤害，因为通常这种事情最让人难以接受。

因此，在与人交谈的时候，我们的言辞一定不能太过锋利，应该言辞藏锋，学会巧妙暗示，就算对方说错了话，也要含蓄地指出，顾全对方的颜面。这样，才能保证双方的关系不受影响，也更容易让人接受和信服。

不管是大人还是小孩，都有自尊心，因此我们在与人交谈时，必须充分认识到这一点，维护对方的面子。很多事情，看明白了却不能直截了当地说出来，必须通过含蓄的表达方式进行暗示，从侧面提醒对方，这样既可以维护对方的尊严，又可以让对方看到你的气度和态度，从而在认同你观点的同时认可你。

运用委婉的表达方式，就是为了让对方听得舒服，这样对方才听得进去。我们在与人交流时，必须控制自己的情绪，懂得委婉地表达不方便明说的事，这样对方才能感受到我们对他的尊重。

暗示，属于常用的说话技巧，却比较特殊。有时候，因为各种原因，很多话我们不能直接说出口，但又不得不说，这时我们就可以利用委婉、隐晦的言辞，巧妙地对对方进行暗示，以此影响对方的心理和决定，让对方在不知不觉中认可你的建议和观点。

俗话说"看透不说透"，这句话是非常有道理的。在与人交流时，点到即止，双方互相明白了就行，没必要直白地说出来，这样只会让双方都下不了台。我们在说话时，应该尽量在语言上保持含蓄的风格，让听者舒心，这样对方才能听进去。

精进技巧

在日常交际中，当需要提醒他人而又不便直接向他提出时，便可考虑使用暗示法。从侧面提出一些看似与主题无关的话题，以此来达到启示、提醒、劝阻、教育他人的目的。暗示要注意在话说出口之前，先开动脑筋，从正面、反面、侧面多角度地想一想，寻找可以使人得到启示的多种不同的表达方式，选择其中最好的，以便达到预定的交际目的。

话不要说得太绝，点到为止刚刚好

聊天时，经常会听到有人说"一定可以""绝对没问题""保证能够完成"……这是自信的表现，应该给予一定的肯定，可一旦实践起来，谁又能保证言出必果呢？谁都无法预料会发生何种意外，当我们因为某件事而耽误了，未能预期完成别人交给我们的任务时，岂不是很尴尬、很没面子呢？

所以，说话时，特别是向某人做出某种承诺时，不要说得过于绝对。上面的话，如果换一种方式说，例如"我尽力而为""全力以赴"，那么即使事情没有办成，别人也不会说什么，因为谁都不能否定你已经尽力了。

有个女孩在珠宝店做销售工作。一天，珠宝店里来了一位衣着光鲜的年轻人。这位年轻人目光游移不定，表面上是在看柜台里的项链，实际上在用余光窥视相邻柜台里的钻戒。年轻人徘徊了一会儿后，将脚步停留在钻戒柜台前，示意女孩将钻戒从柜台里拿出来。出于职业习惯，自年轻人进店后，女孩就格外留意他。

来的都是客，既然年轻人要求看钻戒，女孩也不好说什么，只得照办。就在她把装有六枚钻戒的托盘拿出来，还没来得及放到台面上时，年轻人看似一个不经意的动作，刚好碰到了托盘。里面的钻戒瞬间从托盘里掉落到台面上。年轻人一边说对不起，一边帮女孩把散落的钻戒重新放入托盘内，然后借故离开。

自己从柜台里取出时明明是六枚，现在却少了一枚，女孩的警觉得到了验证。就在年轻人刚要迈出店门时，女孩叫住了他："对不起，先生！"

年轻人犹豫了一下，转过身来，问她有什么事儿。此时，女孩说道："先生，你也知道，现在找工作非常难。这是我的第一份工作，我非常珍惜，不想失去它。"

年轻人马上明白女孩的意思了，脸上带着愧意，说："的确如此，现在就业很困难。"

女孩又说："如果现在站在柜台里面的是你，我想你也会珍惜这份工作。"

听到这话，年轻人走到女孩面前，伸出右手，说："祝福你拥有这样一份体面的工作！"

女孩立即伸出手来迎接他的"祝福"，然后以十分柔和的声音说："也祝你好运！"钻戒就在年轻人的手掌里，女孩高兴地拿回了失去的钻戒。

在这个故事中，女孩是睿智的。当发现钻戒丢失以后，女孩知道是被年轻人偷走了，但她没有直接说"你偷了我的钻戒，赶快拿出来"，而是说自己很珍惜这份工作，不想因此而失业。女孩用点到为止的说话方式既给自己留有余地，也给足对方面子。如果说得太绝了，万一不是年轻人偷的，掉到其他地方了，女孩就会显得很被动、很尴尬。当她用点到为止的方式告诉对方后，对方立刻就明白了，把钻戒归还给了女孩。

在一家著名的企业里，两位职员为竞争一个客户产生了矛盾。其中一位职员对另一位职员说："从此以后，你走你的阳关道，我走我的独木桥，我们恩断义绝！"而另一位职员却什么也没有说。

戏剧化的一幕出现了，经过一段时间的努力，那位什么话也没有说的职员成了另一位职员的上司。这样一来，把话说得太绝的职员，意识到自己的处境很尴尬，最后不得不辞职离开了。

你看，话说绝对了就可能出现这样的后果。

由此可见，在生活中，即使与人交恶，也要克制自己，不要恶语伤人，更不要说"恩断义绝"这种太过绝对的话，要为以后的彼此相处留下余地。

形象地说，话说得过于绝对，就像是往装满水的杯子里倒水，杯子的容量有限，因此水太多会溢出来；同样，也像是往充满了气的气球里充气，气球会爆炸。所谓"水满则溢，物极必反"，说的就是这个道理。

因此，在说话的时候，要考虑周全了再开口，切忌过于绝对，这样才能在复杂的人际关系中游刃有余，活出自己的精彩。若不然，不但日后可能会让自己碰壁，当下就可能被人抓住把柄，让自己下不了台。

话说有一次乾隆皇帝下江南，路过一家商店，店铺的名字是"万家百货"。乾隆很好奇，于是就带着随从走进这家店铺。

乾隆问老板："老板，您这'万家百货'是什么意思呢？"老板说："所谓'万家百货'，就是只有你想不到的，没有你买不到的，应有尽有！"乾隆接着问："老板，我现在需要一把金制的锄头，你这店里有吗？"老板尴尬地站在一边，一时无语。

乾隆见状就说："话不能说得太绝对，点到即可，我看你这店名就改为'百货商店'吧。"老板觉得很在理，于是就更改了店名。

可见，过于绝对的语言很可能让自己无法自圆其说，而点到为止就不会产生这样的尴尬。善于说话的人总是能做到言有不言，所以他们在各种场合都能做到游刃有余。那么，我们在聊天中怎样才能做到点到为止，不把话说绝呢？

1.突出你的诚意

与他人聊天时，必须怀着一颗体谅的心。即便对方在做事时某些方面还不完善，需要改进，但说不定他有难言的苦衷。所以，在点破他时，要高呼理解万岁，不要只讲结果不讲过程。

2.用事实说话

与他人交谈时，你的忠告必须建立在事实真相的基础上，捕风捉影、无中生有只会弄巧成拙。只有在了解事实真相的情况下，才能正确地判断是否有必要提出忠告，忠告该怎样去提，以什么样的角度提。

3.给对方留余地

与他人交谈时，不能把对方的路堵死，切勿将他批评得一无是处，该隐藏的还是要隐藏，否则很容易引起对方的逆反心理，形成"破罐破摔"的局势，最终忠告没提成反倒被别人误会存心不良。含蓄指责的同时，不妨加些赞美。总之，在为他人提忠告时千万要谨慎行事，点到为止，留有余地。

精进技巧

与人交谈，牢记"点到为止，切忌过于绝对"这一原则，它可以让我们从容面对各种各样的事情。当交谈的局面不利于我们时，可以给我们更多回旋的空间；当交谈的局面有利于我们时，对方会因此而佩服我们。

第八章

说得好与说得妙，关键在于如何驾驭

要想使语言具有无穷的魅力，归根结底在于如何把话说得好、说得妙，让听者被你的语言所吸引、所打动，从而认可你的观点或想法。然而现实生活中，很多人的语言均缺乏魅力，并不能引起对方的兴趣。在现代社会，提升个人的语言魅力，就等于给事业加上腾飞的翅膀。

别总说"我",第一人称爱惹祸

不同的人,说话的时候,使用指代称呼的方式不尽相同。有些人很喜欢在谈话中使用"我"。如果你经常看报,就会发现,很多商界精英或学界翘楚,他们在和别人谈话的时候,用到的人称中,"我"出现的频率非常高,较之一般人而言要高出很多。

如果留意这些人的谈话,你可能会发现,这些人每讲一句话或者是三两句话,总是会带出一个"我"字。这个字我们看到并不觉得奇怪,为什么呢?因为我们在潜意识里已经默认他们是不可替代的,是那种有着非凡能力的人,他们强调自己,也无可厚非。不过,如果我们和熟人、朋友在一起交谈,动不动就讲"我",时不时地来个"我"字,那估计你的朋友们会很不习惯。时间长了,这些人可能就不愿意和你再坐在一起聊天了。

一家大型公司发出招聘信息后,应聘者接踵而至,多达百余人,但当时公司只须聘用两人。在一番精挑细选后,面试官从众多应聘者中选中三人,并让他们进行下一轮的角逐。

经该公司高层管理人员组成的招聘小组经商讨后,为这三个人出了一道这样的题目:"假设你们三个人一起开车去森林探险,结果车子在返回途中抛锚。这时,车内只有四样东西供你们选择,分别为刀、帐篷、水和绳子。请你们按照这些物品对你们自身的重要程度进行排序吧。"

其中的一位男士首先答道："我选择刀、帐篷、水、绳子。"

负责招聘的高层领导问："你为什么把刀放在第一位？"

这位男士说："我不想害人，但防人之心还是要有的。帐篷只能睡两个人，水也只有一瓶，万一有人为了生存，想谋害我怎么办？我把刀拿到手，也好进行自卫啊！"

其中的一位女士说："水、帐篷、刀、绳子这四样东西是我们大家都需要的物品。"

"我们大家"这个词引起了招聘负责人的兴趣，他微笑着问这位女士："说说你的看法。"

女士解释说："水是生命之源，尽管只够两个人喝，但大家都谦让一点，省着点儿，是可以共同度过危机的；虽然帐篷一次只够两个人睡，但三个人可以轮流睡；刀也是路上必不可少的；当我们遇到不好走的路时，可以用绳子把大家绑在一起，以防丢失。"另一位男士的回答与这位女士的回答大致相同。

结果，第一位男士被淘汰出局。

这就是把"我"字挂在嘴边给人们带来的不利影响。一个过分以自我为中心的人，无论做什么事情都喜欢表现自己，什么事都抢着去做，把功劳归在自己的头上，过错却推给别人，这样的人令人讨厌。

讲"我"，就是在突出自己。其实我们在生活中都有突出自己、提高自己，让自己处于优势地位的潜意识需要，这是一种精神上的自我需要与满足。我们经常会和别人讲"我跟你说……""我告诉你……"这些都是在不经意间突出自己的一种表现。更为严重的情况是，开口闭口都是"我"，这类人眼里多数时候只能看到自己，或者是将自己的地位摆得很高，有一种凌驾于别人之上的优越感。

"我"是单数，表达的主体就是自己。与此相反，有些人很喜欢讲复数的"我们"，而不是单数的"我"，这种人一般比较受人喜欢，这种表达方式也能受到别人的认可，起码不至于发生一些不愉快的事情。但是他们一般附和心理很强，没有主见，不敢担当，他们基本上埋没在人海里，如果不留神很难发觉他们的存在，这也是内心怯懦的一种表现，动不动就提"我们"，这是他们在给自己找一个保护伞。

一个胖女孩来到服装店买T恤，可是试了很多件都不满意，自己喜欢的穿不上，能穿上的又不好看。她看着镜子中的自己感到有点自卑，甚至想一走了之，不买衣服了。这时候，一个和她身材差不多的导购小姐走过来问："是不是很难挑到中意的？"

"是啊！"

"像咱们这样身材有些胖的人，很难买到合适的衣服。"

导购的话一下子说出了女孩的苦恼，女孩点点头说："就是的，很多衣服我都很喜欢，可是没有大号，我穿不了。"

接着，导购耐心地向女孩传授了一些胖人穿衣服、挑衣服的技巧，最后说："我们店里的衣服款式很多，而且号码齐全。瞧，这件就很适合咱们，你试试看。"

女孩对导购亲切的话语充满了好感，而且对导购很信赖，试穿之后立即决定买一件。

导购正是用"咱们"一词，将自己和顾客从买卖关系变成了面临同样问题的"自己人"，结果，客人当然就对她增加了信任感和好感。

精进技巧

与人交谈时,用"我"和"我们"会给听者不同的感受。人们都比较喜欢听"我们"这个词,比如:"这是我们共同的家园""这是我们共同的学校""这是咱们共同的公司"。所以,在与人交谈时,多用"我们",少用或不用"我",这样可以拉近双方的距离。

赞美是世上最动听的语言

美国著名心理学家威廉·詹姆士曾说："人类本性上的最深企图之一，就是期望被赞美、钦佩、尊重。"渴望称赞是每一个人内心的一种基本愿望。所以，生活中要想在善意和谐的气氛中谈得尽兴，就应该去寻找别人的价值，扮演一个鼓励他人、帮助他人的角色。在现代人际交往中，是否会恰当地赞美他人，已成为衡量一个人交际水平的标准。赞美他人，也可以为自己树立起一个开明的、善于与他人合作的形象。

屠格涅夫是俄国著名的作家，他非常喜欢打猎。有一次，他在打猎时无意间拾到一本杂志，叫《现代人》。出于好奇，屠格涅夫翻了几页。哪知道，这个知名作家被其中一篇题为《童年》的小说深深打动了。看完这篇小说之后，屠格涅夫发现小说作者竟是个不知名的人。他非常想向作者表达自己的赞赏，于是四处打听作者的住处。最终，他得知作者是跟随其姑妈一起生活的，经过一番询问，他找到了作者姑妈的家里。当时，那个年轻作者不在家，屠格涅夫就向他的姑妈表明了身份，并由衷表达了自己对于这个年轻人的喜爱。

年轻作者的姑妈没想到自己侄儿的作品居然得到了大作家屠格涅夫的欣赏，她很快写信告知自己的侄儿："你的小说《童年》引起了很大的轰动，大作家屠格涅夫说你写得很好，他逢人就称赞你，还说你前途无量！"

她的侄子收到信之后，也非常兴奋，这是多么令人欣喜的赞赏啊！他写作的时候，并没有想到自己能够有什么前途，只是打发内心的苦闷而已。现在不同了，大作家屠格涅夫看重他，认为他写下去会有一番作为。这样的赞赏令他迸发出了自信和热情，他的创作冲动一发不可收拾。最终，这个年轻人成为无比耀眼的文坛巨匠，他就是大文豪列夫·托尔斯泰。

每个人都希望别人能肯定自己，都希望得到赞美，所以赞美会给人以力量。我们在生活和工作中，要学会赞美自己的伙伴，赞美自己的下属，帮他们加油打气，这样的话，我们周围的人才能更加优秀，我们自己也能够在这样的环境下变得更加优秀。

在某些时候，赞美对手是一个人必须要撑起的场面。大多数政治家都深谙此道，他们展示给人们看的，都是相互拥抱、握手，相互热情洋溢地把对方抬起来的画面，这是一种风度，也是一种必要的手段。现实生活和工作中赞美别人，则是一条极为实用的生存之道。办公室里，沉闷紧张的气氛之下，赞美是最好的润滑剂。

某个同事刚好成功地完成了某项任务或者顺利地出差回来，别忘了赞美他们：

"你真行，难怪老板器重你！"

"你的干劲儿实在值得我们好好学习！"

"旗开得胜，看来下一个任务又是你的囊中之物了！"

在这个社会上，会说恭维话的人，肯定比较吃香，办事顺利也在情理之中。当一个人听到别人的恭维话时，心中总是非常高兴，脸上堆满笑容，口里连说："哪里，我没那么好""你真是很会讲话！"即使事后冷静地回想，明知对方所讲的是恭维话，却还是没法抹去心中的那份喜悦。那么，与人交谈时，如何正确地赞美对方呢？

1.赞美要因人而异

每个人有自己的特点，因而你的赞美也应该突出个性，因人而异。赞美老年人时应该多称赞他过去的辉煌；赞美年轻人则应多称赞其敢闯敢干的精神；赞美经商的人，可以多称赞他头脑灵活；赞美知识分子，可以多称赞他博闻强识、学识渊博。假如你不顾不同人的特点胡乱赞美，不仅收不到称赞的效果，反而会让被称赞的人心生反感，这样就得不偿失了。

2.具体的赞美更让人喜欢

诸如"你工作得很出色""你真是一个好上司"之类空泛、生硬的赞美，让人感受不到真实和真诚，甚至有可能让对方怀疑你说话的动机而产生心理戒备。具体的赞美则能让人愉快。比如，说无数次你真漂亮，不如说一句你长得像李嘉欣；又如，说对方双腿修长笔直比说她身材好效果好得多。赞美具体点，说明你对他的关注多一点，对方会因为感受到真诚而更加喜欢你。

3.赞美的语言要真诚

这一点十分重要。不真诚的赞美只会让人觉得你是个虚伪的人，有时候还可能招人厌恶。比如你在街上遇到一个几年未见的老朋友，你可能会说："好久不见了，你的样子没怎么变啊，还像原来那样年轻漂亮！"这样的话她听后心里会很舒服。但是如果你说成："好久不见了，你的样子变化真大啊，完全可以与西施媲美了！"那她听后心里就会觉得很别扭。因此，不真诚的赞美还是少说为妙。

4.用第三者的口吻赞美

在一般人的观念中，有时候对于人或事物的看法，"第三者"是站在比较公正、实在的立场上的。你不妨借用一下这个心理，可能会收到事半功倍的效果。比如你到一位朋友家去拜访，见到他的妻子很漂亮，想要称赞一番，那么就可以这样说："嘿，我总听园园说你老婆既漂亮又温柔，今天一见，还真是名不虚传啊！"这样的话既避免了由自己直接称赞可能造成的尴尬，而且还会让所有人的心里都如同裹了一层蜜般的甜美，何乐而不为呢？

> **精进技巧**
>
> 赞美别人是交际高手的撒手锏，会在无形之中让人产生飘飘然的感觉，而这种感觉会让人们认为对方是一个值得自己信任的人，并且乐意与对方交往，乐意和对方说心里话，这就是赞美的力量。

关心人的话，最能温暖人心

关心人的话就像冬天的暖阳，照在人的身上，能带来温暖。说一些关心人的话在人际交往中非常重要。比如，当别人心情低落时，你在与他交谈的过程中，说一些关心他的话，可以平复他的心情，缓解他的痛苦。

"魔术之王"塞斯顿先后周游世界共40年，一再创造出各种幻象，令观众如痴如醉、惊奇不已，受到数千万人的欢迎，获得了巨大的成功。

他说自己的成功不是因为魔术技艺高人一等，关于魔术的书已经有几百种，而且有几十个人知道的魔术同他一样多。但他却有其他人所没有的优点：他在舞台上能够展现自己的个性。他是一位表演天才，了解人类的天性，他的每个手势、每种声调、每一次提眉，都是提前设计好的，而他的每一个动作也都配合得天衣无缝。更为重要的是，塞斯顿真心关心观众的感受，能够为观众付出所有的热情。

相反，有些技艺高超的魔术师认为观众是一群笨蛋，能够被自己骗得团团转。但塞斯顿却完全不那样认为，他每次上台时，都会对自己说："感谢这些人看我的表演，是他们使我过上了舒适的生活。我一定要尽力为他们演出最好的节目！"塞斯顿就是这样一位用关心赢得观众喜爱的艺术家。

有人说："要想让自己成为幸福的人，就应当对别人关怀备至、体贴入微、赤诚相见。"著名心理学家阿德勒在《生活的意义》一书中说:"对别人漠不关心的人,他的一生困难最多,对别人的损害也最大。所有人类的失败,都是由这些人造成的。"实际上,如果你能够真心实意地关心别人,那么你的生活将顺利很多,别人对你的帮助将使你大为受益。

有一次,德国著名的霍夫曼将军举行宴会,许多客人受邀而来。宴会进行到一半的时候,一个服务员上前给霍夫曼将军倒酒,却因为在无意中与将军对视了一眼,一时紧张,将酒都洒在了将军的头上。

将军是光头,洒到上面的酒流下来,弄得脖子上、衣服上到处都是,看上去非常狼狈。在场的所有人都不禁为这个服务员捏了把冷汗,屏住呼吸,等待着霍夫曼将军的训斥。

出乎意料的是,霍夫曼将军神色轻松地拿出手帕擦了擦脑袋,微笑着对服务员说:"小伙子,我这脑袋已经秃了20年了,也曾试过你的这个方法,谢谢你!可我还是得告诉你,根本不管用,头发长不出来。别紧张,请重新给我倒一杯,不过这一次可别为了我的头而努力了。"

霍夫曼将军用幽默的方式说出对服务员关心的话,气氛骤然缓解,所有的人都大笑了起来,那位服务员的表情中少了一分害怕,多了几分敬意。

要使别人喜欢你或者培养真正的友情,得到别人的帮助,生活更加愉快,那么就请从改变自身开始,真诚地关心别人、爱护别人。

在日常生活中,多说一些关心对方的话,让对方感觉到你的真诚与友爱。当然,说关心的话时,不要牵强做作,应当根据当时的实际情况。例如,已是深秋时节,你的交流对象还穿着单薄的衣衫,这个时候你说上一句"现在一天比一天冷,身体是我们的本钱,以后外出要多穿点衣服",对方听到后,心里自然热乎乎的。再如,谈话时你发现对方有感冒的迹象,你不妨说上一句:"回去时,别忘了去药店买些感冒冲剂,提前预防,感冒太难受了。"这样的话，对方肯定乐意听，并会因此对你心生好感甚至心存感激。

> **精进技巧**
>
> 　　通过语言关心他人，并非全是在对方失意、落魄时送去温暖或激励的话，有时一句不经意的关心的话语，更能在对方心里产生深刻的印象。在人际交往中，经常把关心的话挂在嘴边，让对方感受到你的真诚与友爱，对方就会对你产生好感与敬意。

这样安慰，你就说对了

在现实生活中，我们都安慰过别人，也得到过别人的安慰，它是一种最为常见的交际方式。可是我们会发现，有些安慰效果非常好，能够马上让一个人焕然一新；有些安慰并不会有很好的效果，其中的原因在哪儿呢？

我们先来分析一下人为什么需要安慰，为什么安慰能够赢得对方的信任。

人在遭到失败、挫折的打击时往往会心情低落，失去信心，甚至会产生一种自卑感，这时心里就会产生一种对知己的需求，以此来减轻心中的压力和不适。当得到这样的知己之后，之前心中的压力、不适就会随之减轻甚至消失，并由此对安慰者产生信任。

黛西和丽娜都就职于某公司的销售部。之前，黛西对丽娜一直都有偏见，两人关系一直都不太好。

一次，销售部经理要去跟一个重要的客户谈判，在谈判开始前5分钟，他发现一份与谈判有关的重要文件没有带。没办法，销售经理只能临时发挥了，可最后还是没有取得客户的认可。由于重要的文件没有带，他给客户留下了不好的印象。公司因此错失了一个100多万美元的订单。

其实，那份文件一直都是由黛西负责的，但在开会之前，另一个主管答应帮黛西检查文件，并保证当天把它带到现场，可最后主管忘记了。事情已经发生了，现在做解释没有任何用处。

黛西受到了公司严厉的批评。她觉得特别委屈，这打击了她一直以来工作的自信心和积极性。现在，全公司上下都知道因为她损失了一个大单子，黛西真是有口难言。

就在这个时候，同在销售部的丽娜对黛西说："黛西，不要委屈了，我相信你。"

黛西简直不敢相信自己的耳朵：是自己听错了吗？丽娜以前一直对自己都是有成见的，没想到她现在竟然过来安慰自己。

丽娜很诚恳地说："我知道是主管失职，并不是你，我看到那份文件在他桌子上放着，是他的错。"

丽娜的话像是一根救命稻草一样，让黛西觉得非常感动，这让她重新鼓起了勇气。

自此之后，黛西对丽娜产生了好感，两人的关系越来越好，丽娜也成了黛西在公司中最值得信赖的朋友。

在黛西心里最难过、最需要安慰的时候，丽娜给了黛西莫大的帮助，同事之间的心结就此解开。"安慰"成了两人关系的调和剂，丽娜以安慰赢得了黛西的信任。

其实对于丽娜来说，她做的事情非常简单，她只是像朋友一样进行了简单的安慰，可是她时间点抓得非常准，是在黛西最为难过的时候送去了自己的安慰。这个安慰送去得早或者晚都会减低其应有的效果。

其次就是安慰的语言，常见的安慰话有"我理解你的感受，别难过了""这算什么呀，多大的事儿"等，这是一种激励性的安慰，而丽娜的安慰是建立在事实的基础之上的，从实际情况出发，这极大地鼓舞了黛西的自信心。所以，安慰需要根据对方所遇到的事情，采取不同的方法，这样才能够充分地赢得对方的信任。

乔乔最近非常烦恼，因为她失恋了，和她相处两年的男友跟她分手了，她的伤心溢于言表。朋友们看着一个曾经活泼开朗的女孩变得消沉下去，很是为她着急，都希望她能够回到往日愉快的日子中去，重新开始。

李晓是乔乔的朋友，这天她来到乔乔住的屋子，为了能够让乔乔忘记过去，她开始数落乔乔的男朋友："他有什么好的呀，脾气那么坏，还那么粗心，你们根本就不合适，分了正好！你这么为他伤心真是不值！"

谁知乔乔听到李晓这么说，哭得更伤心了。李晓看到自己好心相劝并没能让好朋友开心起来，顿时手足无措。

为了平复乔乔的情绪，李晓叫来了自己的好朋友王丽，希望王丽能够让自己的朋友开心起来。

王丽和乔乔并不认识，听了李晓叙述的情况后，她看着格外伤心的乔乔说："相处两年的时间也不算短了，换作是我也会很难过的。其实我有一个姐姐，也有和你一样的经历，不过她现在过得很幸福……"

随后，王丽把自己姐姐的事情给乔乔叙述了一遍，乔乔不仅不哭了，反而觉得这个自己不认识的人是最了解自己的人，认真与其交谈了起来，忽视了自己认识很久的朋友李晓。

"哎！你们太过分了啊！"李晓不高兴地说。瞬间，三人都开心地笑了。

李晓与王丽对乔乔的安慰方式有所不同，给予乔乔的心理感受也不尽相同。李晓的安慰只停留在表面，目的是为了让乔乔忘却伤痛，可是她不能够把握乔乔的心理，虽然出发点是好的，但是结果却适得其反。

王丽的成功之处就在于她能够站在对方的角度考虑问题，从而充分地了解了对方的心理，感受到对方的需求，所以她的安慰正好迎合了乔乔的心理需求，当然也赢得了乔乔的好感，才会让乔乔有遇到知己的感觉。

精进技巧

生活中总是有失意和不顺的时候,安慰可以使人在心理上得到满足。用安慰赢得对方的信任,方式很重要,要选择一个有效的安慰方式就需要了解对方的心理,需要我们将心比心,用心感受对方的需求。

最悔不过"你错了"

在社会交往中,每一个人都有出错的时候,当想指出对方的错误时,千万别用"你错了"这样的语言进行表达。当把"你错了"说出口后,你可能觉得没什么,可对方听到后,心里会很不是滋味。简单的"你错了"三个字,相当于在质疑他的智慧和判断力,肯定会伤害到对方的荣誉感和自尊心。而对方为了捍卫自己的面子和尊严,很可能会进行反驳,哪怕他心里清楚自己的确是做错了。

一天晚上,卡耐基去参加一个欢迎史密斯爵士的宴会。他的旁边坐着一位贵宾,这位贵宾讲了一段很幽默的故事,故事中引用了一句成语:"成事在天,谋事在人。"这位贵宾说这个成语出自《圣经》。

卡耐基也是一个博学多才的人,他恰恰知道这个成语的真正出处。为了显示自己见多识广,也是一时冲动,他毫无顾忌地指出了这位贵宾的错误:"这个成语出自莎士比亚……"

贵宾却固执己见:"什么?出自莎士比亚?不可能!绝对不可能!就是出自《圣经》,这怎么会错呢?"

当时卡耐基的老朋友贾蒙也在场,而且就坐在卡耐基左边。贾蒙是一位研究莎士比亚的专家,所以卡耐基非常希望贾蒙站出来证实他的说法是对的。

贾蒙早就知道这位贵宾是错的，但是他在桌下用脚踢了卡耐基一下，然后缓缓地说："戴尔，你错了！这位先生是对的，这个成语的确出自《圣经》。"

卡耐基是一个机灵人，没再说什么，可是在回家的路上，卡耐基问贾蒙："你明知道那句话是出自莎士比亚的作品，为什么还说我不对呢？"

贾蒙很平静地说："是的，你是对的！那句成语出自莎翁的作品，可是戴尔兄，在一个盛大的宴会上，我们都是客人，为什么一定要找出证明让人家难堪呢？你这样做的目的是什么呢？让别人对你的学识产生敬仰？不可能的！为什么不给他留一点面子呢？人家并没有征求你的意见，也不会征求你的意见，你又何必去跟他争辩呢？戴尔，永远避免正面的冲突，那才是对的。"

贾蒙的话对卡耐基触动很大，从此以后，他无论在任何场所，都不再当面指出他人的错误了。当你直接指出他人的错误时，就是向对方发起挑战，必然会引起争端。要避免争端，就不要毫无顾忌地对别人说"你错了"。

聪明的人总会给别人留点面子。你指出别人的错误，是为了让别人能与你达成共识，改正他自己的缺点，而不是要把人一棍子打死，更不是为了与其对比，显示自己的优越感。

一天清晨，木材公司的经理接到了一位主顾的电话。这位主顾暴跳如雷，抱怨木材公司送去的一车木材完全不符合他们的规格，他说："木材才卸下了四分之一，可我的木材检验员告诉我，有百分之五十五都不合规格！我们拒绝接受你们的货物，已经要求司机停止卸货了。请你把这一车木材都拉回去吧！"

木材公司的经理立刻赶去对方工厂，见到了闷闷不乐的购料主任和检验员。经理让司机继续卸货，并让检验员继续把不合规格的木材挑出来，自己则站在一旁观看。

不一会儿，经理就找到了问题的症结：检验员的检验太严格，而且弄错了检验规格。这批木料是白松，可那位检验员只对硬木有所了解。弄明白状况后，经理并没有直接指出检验员的错，相反，他一边观看，一边向检验员请教某些木料不合格的理由。

经理的言谈营造出非常友好的谈话氛围，检验员渐渐高兴起来，最后整个改变了自己的态度。他坦白承认自己对白松木的经验并不多，并询问这位经理关于白松木的问题。经理亲切地给他解释那些木材为什么合格。过了一会儿，检验员意识到错误的是他们自己没有事先指明他们所需要的是什么等级的木材。

第二天，木材公司的经理收到了全额的支付支票。

当这位经理发现检验员弄错了后，没有直接说出"你错了"，而是向检验员请教不合格的理由。继而这位经理继续和检验员交谈，渐渐地，检验员发现错误是他们一方造成的，从而接纳了这批木材。如果经理发现错误不是自己造成的，而用"你错了"去指责检验员，检验员为了保全自己的面子，很可能会找出种种理由，拒绝接收这批木材。

生活中，与人交谈时，当对方出现错误后，倘若是无关紧要的小错误，就没有必要将这种小错误放在心上；当错误会造成严重的后果时，也不要直截了当地说"你错了"，这个时候需要委婉指出对方的错误。那么，具体采用什么样的方式呢？

1.启发式指错法

启发式指错法就是向对方提出一些问题，让对方在回答或解释的过程中，认识到自己的错误。这种方式的好处是，让对方自己去否定自己。可以参考上例，像经理对检验员提问那样，引导他去思考和发现错误。

2.幽默式指错法

幽默式指错法就是用幽默的语言指出别人的错误，这样做的好处是，既避免被纠正者的紧张与尴尬，还能增加彼此之间情感的交流。

有位作家曾应邀到某校演讲，可她一走进教室，就发现有的学生已经在打瞌睡了。她拍拍桌子，大声说："在这个闷热的午后，各位听我这个老太婆说话，一定很想打瞌睡。这没关系，各位可以安心地睡。但有两个要求，一是姿势要优雅，不能趴在桌子上；二是不准打呼噜，以免干扰他人。"学生们被她逗得大笑起来，再没有一个人打瞌睡了。

3.间接式指错法

间接式指错法就是用借彼喻此的方式，通过声东击西，含蓄地指出别人的错误，尽量不伤害对方的自尊心。

冯玉祥是位廉洁的将领，他在开封时，不准部下穿绸缎衣服。一次，冯玉祥注意到一个士兵穿着一双缎鞋，便上前深深地作了一个揖，把士兵吓得呆若木鸡。冯玉祥对他说："我不是给你行礼，只是你的鞋子太漂亮了，我不敢不低头下拜啊！"士兵听了，立刻脱下新鞋，赤着脚跑回去了。

在与人交谈的过程中，当对方出现错误时，一定不要当面说"你错了"，这样不但可保全对方的面子，还可显示出自己的涵养。当对方知道自己的错误你没有当面指出来，会由衷地对你产生敬佩之情。

精进技巧

"你错了"三个字不小心就轻易从口中溜出，说者不觉得有多么的严重，而对于听者而言，就是对自己能力的否定，会给他们的自尊心造成伤害。因此，我们一定要管好自己的嘴，尽量避免说"你错了"，这是对他人基本的尊重。

"催眠"潜意识，迅速打开他的心扉

人基本都有意识和潜意识，而我们的潜意识一般不会听从意识，却会听从自己和别人的暗示。特立独行的潜意识，完全控制着我们的身体功能、状况和感觉。

人人都懂得"害人之心不可有，防人之心不可无"的道理，因此都会告诫别人"不要与陌生人说话"，其实虽然我们不断地告诫我们的意识，不要轻信陌生人，但我们的潜意识是不设防的，它依然会"我行我素"地接受别人传递的信息，从而做出反应。在与陌生人交谈时，可以利用潜意识的这种特质，来打开他们封闭的心，从而达到顺利交流的目的。

杰克去找一个难缠的客户谈业务，去了好几次了都没有谈下来。这天，他到了客户阿历克斯的办公室，看见对方的办公室装潢很漂亮，于是说："你知道，我是从事室内装潢的，我从没有见过像这样漂亮的办公室。"

阿历克斯回答说："谢谢你提醒了我已经差点忘了的事，这间办公室很漂亮是不是？当初这间办公室布置完成后，我确实非常喜欢，可是现在，由于我工作太忙，已经很少会注意到这上面了。"

"这是不是英国橡木？它和意大利橡木的品质稍有不同。"杰克走过去用手了摸摸办公室的壁板说。

"是的，这是进口的英国橡木，是一位专门研究硬木的朋友替我特别挑选的。"阿历克斯回答。接着，阿历克斯带他参观了自己设计的室内陈设，包括木门、油漆色彩和雕刻等。

他们在一扇窗前停了下来，阿历克斯和蔼地表示，他要捐助给罗贯士德大学和公立医院等一些钱，为社会尽一点儿心意。杰克热诚地恭贺他说，这是一个古道热肠的慈善义举。

杰克问他当初如何开始他商业上的挣扎和奋斗的。阿历克斯感慨地叙述他幼年时候的贫苦情景——他守寡的母亲，开了一家出租小公寓。他自己则在一家保险公司做小职员，收入微薄。他由于受到饥寒所困，所以立志要刻苦奋斗，免得母亲辛劳。

杰克又找了些别的话题，而他自己却静静地听着。阿历克斯谈到他实验室的一段往事：他说他过去做实验的时候，整天待在实验室里，有时候整个晚上，有时候甚至穿起工作服，三昼夜都不脱下来。

杰克是上午10点15分进阿历克斯办公室的，当时那位建筑师曾劝告他，他最多只能停留5分钟，可是，一小时、两小时都过去了，他们仍然在谈着。最后，杰克获得了一笔总额9万美元的订单。

在这个故事中，杰克是怎么让阿历克斯消除敌意的呢？其实很简单，他采用的就是"催眠"潜意识的方式。当一个人取得一定的成绩时，他会自然而然地渴望得到别人的承认。如果这时你适时地奉上一句赞美，他就会感到无比欢乐。

但是，当对方的成功已经成为习惯，对他人的赞美也已经听腻的时候，我们就没有必要再去画蛇添足了。这时，你应该主动引导他们谈自己感到自豪的事情，这样做不会比说些"甜言蜜语"的效果差。

与人交谈时，特别是陌生人，完全可以用这种方式来左右他人的心理和思维活动。这有点像是催眠，让他人不知不觉间就慢慢地走向你。下面给大家介绍两种影响他人潜意识的小窍门吧。

1.用"同调"的语言技巧

所谓"同调"的语言技巧，就是用对方语言中的特殊字眼儿来打动他。比如，有人和你说："又是一年了，我想向各种不同的事情发起挑战。"那你在和他交谈时，就可以反复强调"挑战"这个字眼儿。例如"我平时不吃辣，今天就舍命陪君子，'挑战'一下川菜"或"这种有'挑战'性的工作，真是让人激情澎湃啊"。

你反复强调的这些词会不知不觉间进入对方的潜意识，让他感觉到你对他的重视，从而对你生出好感。而每一次强调都是一次好感的累积，慢慢地，他就会对你产生信任。

2.说对方喜欢听的话

人人都喜欢听别人说自己的好话，因此我们就可以用好话来"催眠"他，让他卸下心防。比如，对一个很内向的人，你可以这么说："我觉得你有时不太愿意表达自己，但是我发现，其实你是个很有意思的人，也很有魅力，只是你还没有把真实的自己展现在大家面前。"

这时，对方多半会腼腆地笑笑，并且说："你还挺了解我的，我也挺矛盾的，很想跟大家一起，但又不知道该怎么主动……"如此一来，你再聊聊怎么主动地融入大家的话题，他的心房就会彻底向你敞开，你们进一步交往的大门也就随之打开了。

精进技巧

事实证明，人在放松的状态下，更容易接受心理暗示，并且迅速打开心扉。在与人交谈时，我们在不知不觉中巧妙地"催眠"他人，让对方与我们的关系越来越近，这样才能达到交谈的目的。

让对方说"是",你就掌握了主动权

爱伯逊是纽约银行的一名出纳员。一天,一位大客户来银行存款,爱伯逊一边与对方聊一边指导客户填写申请表。期间,他发现申请表格中的有些项目客户马上就填好了,可是有的项目客户拒绝填写。

这种情况让爱伯逊感到为难,如果是在以前,他会说:"先生,请您完整填写这份申请表,否则银行不予办理您的存款业务!"

可是爱伯逊不想失去这位客户,那就要想点儿办法留住他才行。

爱伯逊避开银行的要求不谈,而是谈客户应该关心的。因此,爱伯逊说:"其实我也觉得没必要填写这么多内容,但是您想过没有,如果出了什么意外,您有钱存在银行里,是不是愿意让银行把存款转交给您最亲密的人?"

客户马上回答:"是的,我当然愿意。"

爱伯逊接着说:"那么,如果您不填写您最亲近的人的资料,一旦出了什么意外,我们怎么处理您的钱呢?所以,您应该把您最亲近的亲属的资料填在这份表格上,如果出现什么情况,我们会把这笔钱移交给他。"

客户说:"是的,这是个不错的办法。"

最后,这位客户不但把所有情况都填在表格上,而且还接受了爱伯逊的建议,用他母亲的名义开了个信托账户。有关他母亲的具体情况,他也详细填在相关表格上。

关键时刻，爱伯逊显示出他聪明的一面。他改变交谈方式，告诉对方填写剩余信息的好处，让对方顺着自己的思路说"是"。通过让对方说"是"，爱伯逊与客户之间减少了不必要的争论，对方也愉快地接受了他的建议。

小刘是一位电机推销员，一次他去拜访一家老客户，准备说服他们再购买几台新式电机。在去之前，小刘和这家公司的工程师通过电话，了解到工程师前一天到车间去检查，用手摸了一下前不久小刘推销给他们的电机，感到很烫手，便断定小刘卖给他们的电机质量太差。

小刘刚踏进那家公司的门口，就遭到了对方工程师的拒绝。那名工程师说："小刘，你又来推销你那些破烂了！你不要做梦了，我们再也不会买你那些玩意儿了！"

小刘冷静地考虑了一下，心想如果与对方辩论电机的质量，肯定于事无补。于是，他便采取了另外一种思路。他对工程师说："好吧，我完全同意你的立场，假如电机发热过高，别说买新的，就是已经买了的也得退货，你说是吗？"

"是的。"工程师回答说。

"你是知道的，任何电机工作时都会有一定程度的发热，只是发热不应超过国家技术标准，你说是吗？"

"你说得对，是这样。"

"如果按国家技术标准，电动机的温度可比室内温度高出42℃，是这样的吧？"

"是的。但是你们的电动机温度比这高出许多，昨天还差点儿把我的手烫伤！"

"哦，是这样。那么请问你们车间里的温度是多少？"

"24℃左右吧。"

"这就对了,车间是24℃,加上应有的42℃的升温,共计66℃左右。那么一个人把手放进66℃的水里是不是会很烫呢?"

"嗯,好像是的。"

"这就对了啊,所以以后千万不要去摸电机了。我们的产品质量,你们完全可以放心,绝对没有问题。"

就这样一直让对方说"是",小刘又做成了一笔买卖。

案例中,小刘从一开始就引导工程师回答"是",从而抓住了对话的主动权,使交谈的结果向着对自己有利的方向去发展。那么,到底如何才能让对方说"是"呢?

1.说对要说的话

卡耐基曾经说过,天下只有一种方法可以让任何人去做任何事,那就是让他自己想去做这件事。而让他自己想去做这件事,唯一的方法是让他认为你说的是对的,让他认为他是在遵循对的东西才这样做。

比如说,你喜欢朋友的某个物件,又不想直接表达自己的想法。这个时候,你可以这样做,先装着无意拿起它看了看,丢在一边,说:"你平时是一个非常爱干净的人,把屋子收拾得一尘不染。刚才我在它身上发现了灰尘。看来,它在你的生活中并没有存在的意义呀!"朋友可能微微一笑或把话题转移到其他地方。这时,你再次拿起刚才的那个东西,对着它哈一口气,然后认真擦拭,边擦边说:"要是我,就把它当成宝贝,天天放在最显眼的地方。你能忍痛割爱吗?"当你说到这里,朋友可能会说:"我的确不怎么喜欢它,你要是喜欢就拿去吧。"这样,你便拥有了它。

如果你直接张口向朋友要,朋友会产生逆反心理,可能不给你,即便给你了,心里也不舒服。相反,当你用前面所说的方式进行表达时,对方如果觉得它对自己来说是可有可无的东西，便会毫无留恋地送给你。

2.给对方创造说"是"的氛围

《影响人类的行为》一书中有这样一段话："当一个人说'不'时，他所有的人格尊严都已经调动起来，要把'不'坚持到底。事后他也许会觉得这个'不'说错了，但是他必须考虑到宝贵的自尊心而坚持说下去。因此，使对方采取肯定的态度，是一件特别重要的事。"

由此可知，在和对方聊天的时候，要避免对方说"不"的气氛，一定要创造出让对方说"是"的气氛。比方说，在和对方聊天时，我们应该把自己置于"是"这一情景之中，将对方可能采取的反对意见铭记于心，同时，还应牢记你所熟知的对方的观点。

> **精进技巧**
>
> 让对方说"是"是一种说话的艺术。当我们与人交谈时，如果一开始就引导对方说"是"，那么对方就会对我们的话持肯定态度，这时候内心的抵抗和戒备就会完全放松，交流起来气氛就会融洽很多，对方也容易放弃原来的偏见，转而同意我们的意见。

别让对方太"不好意思"

杨老师在一所高校的文学院已经做了20年的老师了,近来文学院进行了第一次教师职称评选,杨老师作为文学院的老教师却没有评上,心中有些不服,想最后再尝试一下。于是,他便决定在评定结果公布前去张校长家问个究竟,也希望借此机会向张校长诉诉苦、求求情,使自己能够评上职称。

到了校长家里,张校长非常热情地接待了杨老师。双方刚一入座,杨老师就开门见山,迫不及待地对张校长说:"张校长,我想知道这次评职称我有希望吗?"

张校长并没有直接回答,而是先递给了杨老师一杯茶,并笑着说:"先喝茶,最近你身体怎么样?"

杨老师听了,只好接过茶杯,压下心中的焦虑,应付道:"身体还算过得去。"

张校长接口道:"这就好,现在你们这些老教师可是我们学校的宝贵财富,青年教师还要靠你们"传帮带"呢!"

杨老师听了张校长的话,感到了一丝希望,急忙回答说:"作为一名老教师,我会尽力的,可不知道我能否……"

张校长早已知道了杨老师今天到访的目的,就接着他的话说:"不管这次评得上评不上，我们学校都要依靠像你这样的老教师。你经验丰富，教学得法，学生反映不错。我想对于一名教师来说，这一点比什么都重要，你说呢？"

杨老师叹了一口气，只好回答道："是啊。"

张校长见到杨老师叹气，接着说道："这是你们文学院第一次评审，历史遗留的问题较多，僧多粥少，有些教师这次暂时还很难如愿，要等到下一次，但这只是个时间问题，相信大家一定能谅解。但不管怎样，我们会公正地评价每一位教师的劳动，尤其像你们这些辛辛苦苦几十年的老教师的劳动！"

杨老师听了张校长的这一番话，明白了张校长的意思，心里不由得生出敬畏之情，同时也非常感激张校长，没有让自己陷入十分尴尬的境地。杨老师点点头，没有再说什么，随后起身准备告辞了。

这个例子中，张校长对杨老师表示了充分的尊重，肯定了老教师的功绩，虽然拒绝了他，却也是拒绝有度、点到为止，让杨老师心悦诚服。

此外，拒绝别人的时候，也可以通过引用名人名言、俗语或谚语等来表达自己的意思或表明自己的观点。这种方式的好处是显而易见的，既增加了自己说话的权威性与明确度，又不必在解释和说明上浪费太多的口舌，还能点到为止，既能给对方留面子，使对方信服，也能有效地达到自己的目的。

当然，在拒绝别人时，要想做到点到为止，不让对方太尴尬、下不来台，还要注意以下两点：

1.先了解实情再说"不"

要想了解情况，就要学会倾听。倾听能让对方得到自己被尊重的感觉。在你委婉地表明拒绝他人的立场时，要避免伤害他人，还要避免让人觉得你只是在应付了事。

倾听还有一个好处就是，虽然你拒绝了他，但你可以针对他的情况，给出合理的建议。若是能提出更好的办法或替代方案，对方一样会感激你。

通常，人们都会有一种要求获得补偿的心理，假如你想的办法并不是特别理想，然而你已经尽力了，这也能在一定程度上降低对方的失望感；假如你的办法帮助他人解决了问题，他会对你感恩戴德。

2.温和而明确地说"不"

当你认真倾听，弄清楚对方的要求后，并觉得自己可以拒绝的时候，说"不"的态度既要显得温和，又要非常明确。温和就是态度平和地表达拒绝，点到为止，明确就是清清楚楚地表明自己的立场。用温和而明确的方式说"不"，这要比直接生硬地说"不"效果好得多。一般情况下，对方听你这么委婉地拒绝，肯定会"知难而退"，再去想其他办法。

总而言之，应该多掌握一些拒绝别人、点到为止的技巧。比如说，在拒绝他人时，安慰一下对方的心情，向他表明自己的难处，激励他勇敢地面对。要使得别人认为你好像还在和他一起解决困难，让他满怀信心离去。诚然，假如你真有能力，还是要尽力帮助那些求助者，这是良好品格的体现。

精进技巧

在拒绝对方的时候，尽量点到为止，一定要给对方留面子，要能让对方从梯子上下来。对于那些并非完全无理的要求，不要全盘加以否定或断然拒绝，而更应措辞谨慎，留有余地，让对方心服口服。